知って役立つ！家族の法律

相続・遺言・親子関係・成年後見

特定行政書士 **長橋晴男** 著
Nagahashi Haruo

弁護士 **浅野則明** 監修
Asano Noriaki

クリエイツかもがわ
CREATES KAMOGAWA

はじめに

　2014年10月に前著『知って得する！　家族と法律─相続・遺言、戸籍、結婚・離婚』を発行しました。その際、ページ数の関係で相続や遺言について読者のみなさんにもっとお伝えしたいことを割愛せざるを得ませんでした。また、成年後見についてはまったく触れることができませんでした。

　幸い好評を得、公益社団法人日本図書館協会の選定図書にも選ばれました。そこでこの度、前著を若干整理するとともに、特徴を生かしながら続編を書くことにしました。

　前著の「はじめに」で次のように述べていますが、これは今回もまったく同じです。

　この本は、「家族法」についての「教科書」ではありませんし、よくある「ハウツー本」でもありません。この種の本は、大学教授が著者である「教科書」を除くと、圧倒的に弁護士が書かれたものが多く、「相続税」などは税理士、「登記」関連は司法書士と相場が決まっています。

　誤解を恐れずに言えば、行政書士は最も「素人」に近いと言えます。だからこそ、普通の市民が「わからないこと」「知りたいこと」がよくわかります。それが行政書士である私がこの本を書いた理由です。

◎その中で感じたのは、「家族法」は私たちの日常生活に密接に関係した法律であるにもかかわらず、案外知られていなかったり、誤解されている場合が多いということです。
◎そこで、「普通の市民」が、「普通の生活」をする上でぜひ知っておいていただきたい「家族法」の基礎知識をできるだけわかりやすくまとめてみました。

　かなり細かいことまで書いている項目もありますが、「ハウツー本」ではありませんので、この本を読んだだけで手続きを進めるのは難しい場合もあります。また、理論的に重要な内容でも、あまり例のない問題は省略しました。

※「家族法」とは、民法の親族編及び相続編並びに関連法規をさします。
※この本に書いている内容は、必ずしも行政書士の仕事ではなく、弁護士や司法書士、税理士などの仕事であることもあります。

もくじ

はじめに …………………………………………………………………………… 3

第1章　民法（家族法）をめぐって

01 家族と親族 ●民法には規定がない「家族」…………………………… 10

02 最近の民法等をめぐる動き ●注目したい司法判断と法改正 …………… 14

03 婚外子 ●違憲判断で撤廃された婚外子差別 ………………………… 16

04 ●①女性の再婚禁止期間に一部違憲判断 ……………… 18

05 再婚禁止期間 ●②女性の再婚禁止期間を100日に短縮 ………………… 20

06 ●③改正民法と憲法の関係 ……………………………… 22

07 ●①日本の夫婦同氏は世界の少数派………………………… 24

08 夫婦別姓 ●②内縁・事実婚と法的保護 ……………………………… 26

09 ●③選択的夫婦別姓Ｑ＆Ａ ……………………………… 28

10 父子関係 ●法律上の父子関係は「推定」にもとづく ……………… 30

11 同性婚 ●同性婚は認められるか？ …………………………………… 32

コラム1 ●戸籍の附票……………………………………………………… 34

第2章　相続

12 相続税改正 ●課税対象が広がった相続税 …………………………… 36

コラム2 ●相続に関わる税金など ……………………………………… 38

13 相続の開始と概略 ●日本の相続法の特徴 ……………………………… 40

14 ①●葬儀………………………………………………………… 42

15 相続手続きの前に ②●チェックリストが便利 ………………………… 44

16 ③●葬儀後の手続・届出等チェックリスト（概要）… 46

17	相続の原則	● 死亡順で変わる相続の順位	48
18	法定相続分	● 遺言がない場合の民法の規定	50
19	相続人	● ①相続人の原則と例外	52
20		● ②相続人の確定	54
21	代襲相続	● ①「代襲相続」など	56
22		● ②「代襲相続人」の相続人〜死亡の順序〜	58
コラム3		● 亡くなった人の戸籍	60
コラム4		● 先祖の墓を誰が継ぐか	61
23	相続と戸籍	● ①相続人が兄弟姉妹だけのケース	62
24		● ②相続手続きに必要な戸籍と関係書類	64
25	相続財産	● ①財産目録をつくる	66
26		● ②相続財産の例外と契約上の地位の承継	68
27		● ③生命保険金は相続財産ではないが要注意	70
28		● ④相続財産の評価	72
29	遺産分割	● ①遺産分割の方法〜遺産分割協議〜	74
30		● ②特別受益と寄与分	76
31		● ③遺産分割協議がまとまらないときは調停・審判へ	78
32	相続の選択	● 相続の3つの選択肢	80
33	相続放棄	● ①相続放棄は他の相続人に影響する	82
34		● ②相続分をゼロにする	84
35		● ③ある日突然、請求書が……	86
36		● ④熟慮期間経過後や遺産分割後にわかった債務	88
37	代償分割	● 相続する代わりに自分の財産を譲る場合	90
38	半血の兄弟姉妹	● ①父母の片方だけが同じ兄弟姉妹	92
39		● ②「笑う相続人」	96
40	祖父母と養子縁組	● 私は祖父母の養子ですが…	98

| 41 | 兄弟姉妹と養子縁組 | ● 峰子さんは姉の養女 | …… | 100 |

| 42 | 継母の遺産 | ● 継母とは養子縁組していません | …… | 102 |

| 43 | 配偶者の相続 | ● ①案外難しい未成年の 子がいる場合の相続 | ……… | 104 |
| 44 | | ● ② 「配偶者の税額軽減」の特例もあるが…… | ……… | 106 |

| 45 | 海外在住の相続人がいる場合 | ● 印鑑証明に代わる「サイン証明」 | … | 108 |

| 46 | 相続に関係する税金 | ● ①相続税の申告が必要な場合 | ……………… | 110 |
| 47 | | ● ②相続税は非課税だが譲渡所得税が発生 | …… | 112 |

コラム5 ● 散骨は故人に敬意を払い節度をもって……………………… 114

第3章　遺言

| 48 | 終活問題 | ● ①高齢者をめぐる諸問題 | ………………… | 116 |
| 49 | | ● ②自分を見つめ自分らしく生きる活動 | ………… | 118 |

| 50 | 遺言とエンディングノート | ● ①人生を振り返り「心の準備」ができる | … | 120 |
| 51 | | ● ②遺言とエンディングノートの違い | … | 122 |

| 52 | 遺言のすすめ | ● ①もめごとを未然に防ぐ可能性が高まる | ………… | 124 |
| 53 | | ● ②生きている限り何度でも書き直せる | ………… | 126 |

54	遺言の種類など	● ①自筆証書遺言	……………………	128
55		● ②自筆証書遺言の検認手続き	………	130
56		● ③公正証書遺言と秘密証書遺言	………	132

| 57 | 遺言能力 | ● 遺言能力に関する争い | …………………… | 134 |

| 58 | 遺言の効力 | ● 効力のある遺言事項 | …………………… | 136 |

| 59 | 遺言の留意点 | ● 共同遺言の禁止、撤回方法など | …………… | 138 |

60	遺留分	● ①相続財産の一定割合を相続人に確保する制度	……………	140
61		● ②遺留分減殺請求	…………………………	142
62		● ③遺留分の放棄	………………………	144

63	遺言の執行	●遺言で遺言執行者を指定できる ‥‥‥‥‥‥‥ 146
64	遺言に関する相談から	●①公正証書遺言は検索できる ‥‥‥‥‥‥‥ 148
65		●②父に先妻の子がいた ‥‥‥‥‥‥‥‥‥‥ 150

コラム6 ●いらない不動産 ‥‥‥‥‥‥‥‥‥‥‥‥‥‥‥‥‥‥‥‥ 152

第4章　結婚・離婚と親子関係

66	婚姻と戸籍	●①「入籍しました！」は本当？ ‥‥‥‥‥‥‥ 154
67		●②「準正」という制度も見直すべきでは‥‥ ‥‥ 156
68	多様化する家族	●①血縁関係のない親族「ステップファミリー」‥ 158
69		●②子は親の付属物ではありません‥‥‥‥‥‥ 160
70		●③ステップファミリーの例 ‥‥‥‥‥‥‥‥ 162
71		●④親の再婚で子が姓を変えたくないとき ‥‥‥ 164
72	離婚と戸籍	●①離婚のときも親と子は別 ‥‥‥‥‥‥‥‥ 166
73		●②旧姓に戻るのが原則だが婚氏続称も自由 ‥‥‥ 168
74		●③離婚しても子は元の戸籍に残っている ‥‥‥ 170
75		●④子を母親の戸籍に移したい ‥‥‥‥‥‥‥ 172
76		●⑤再婚した母の「姓」を名乗りたい ‥‥‥‥‥ 174
77	離婚にまつわる諸問題	●①婚姻関係の終了で何が変わるか ‥‥‥‥‥ 176
78		●②財産分与、慰藉料、子の親権などは‥‥ 178
79	「死後離婚」？	●配偶者が死亡 ‥‥‥‥‥‥‥‥‥‥‥‥‥‥ 180

コラム7 ●不受理申出書‥‥‥‥‥‥‥‥‥‥‥‥‥‥‥‥‥‥‥‥‥‥ 182

80	養子縁組	●①子がある場合の養子縁組‥‥‥‥‥‥‥‥‥ 184
81		●②養子縁組の効果など ‥‥‥‥‥‥‥‥‥‥ 186
82		●③離婚した妻の子（養子）に相続させたくない ‥‥‥ 188
83		●④離婚した娘の夫（養子）との子関係を解消したい‥‥ 190

コラム8 ● 実は戸籍に決まった記載ルールはない……………………… 192

第5章　成年後見

84		●①成年後見制度以前の仕組み ………………… 194
85		●②「法律行為」を支援する制度………………… 196
86	成年後見制度とは	●③成年後見制度の理念と種類 ………………… 198
87		●④法定後見制度の種類など ………………… 200
88		●⑤成年後見制度利用の実績など………………… 202
89	成年後見人の役割と仕事	●①財産管理とその具体例………………… 204
90		●②身上保護とその具体例………………… 206
91	成年後見制度の問題点	●①制度が知られていない ………………… 208
92		●②費用がかかる ………………… 210
93	親亡き後の問題など	●①知的障害、精神障害がある人への対応…… 212
94		●②子の意思能力に応じて ………………… 214
95	成年後見制度支援信託	●後見人の使い込み等を防止する手段 ……… 216
96		●①成年後見人はどんなときにつけるのか ………… 218
97	相談事例から	●②親との同居に兄が不信感を抱く ………………… 220
98		●③母に成年後見人がつき、通帳も見られなくなった … 222

おわりに ………………………………………………………………… 224

第1章

民法(家族法)を
めぐって

1 家族と親族

01 民法には規定がない「家族」

家族とはいったいなんでしょうか?

◯ 家族の概念

法律用語として『家族』は多く使われていますが、法律によって対象範囲はさまざまです。

- 拉致被害者支援法:2親等内の親族
- 雇用保険法:配偶者、父母・子及び配偶者の父母

民法には、「親族」という規定はありますが、「家族」という規定はありません。

親族とは、①6親等内の血族、②配偶者、③3親等内の姻族、をさします。それでは「親等」って何でしょうか?

12ページに「親等図」を載せておきますので参照してください。

※憲法には「家族」という規定はなく、第13条「すべて国民は個人として尊重される」、第24条「個人の尊厳」というように「個人」が重視されています。

◯「家族法」とは

六法を見ても「家族法」という法律はありません。「家族法」として扱われるのは、民法第4編「親族」と第5編「相続」です。関連法規として、「戸籍法」「家事事件手続法」「人事訴訟法」「社会保障関連法規」

10

などがあります。

　もう少し具体的に言いますと、「家族法」は結婚、離婚、親子、養子、扶養、氏名、戸籍、相続、遺産分割、遺言など個人と家族に関する法律を対象とします。

○ 磯野家・フグ田家の人びと

　サザエさんのケースで考えてみましょう。長谷川町子原作のアニメですが、今もテレビでやっています。

(1)これを1家族と見るか2家族と見るか？……これは「家族」の考え方によります。
- 磯野：4人、フグ田：3人、タマ（猫）…合計7人と1匹です。

(2)生活実態からみると、「生計を一にしている」ようですので、1家族と考えてもよさそうです。「生計を一にしている」ことと「住民票が一つ」というのは厳密にはイコールではありませんが、ほぼ同じと考えてよいでしょう。
- 「生計を一にしている」……家計が同じ（＝財布が一つ）ということです。もちろん、実際には財布は3つあっても4つあってもかまいません。「元」が一つということです。

(3)磯野とフグ田ですから「住民票」は別かもしれません。

(4)戸籍は「磯野」と「フグ田」の二つです。これは間違いありません。
- 戸籍は、夫婦と子が単位です。子が結婚すれば別戸籍になります。

(5)いずれにしても、「血縁関係があり」「一つ屋根の下」で暮らしていますから「家族」と考えてよさそうです。

11

1 親族・親等図 （直系血族5・6親等は略）

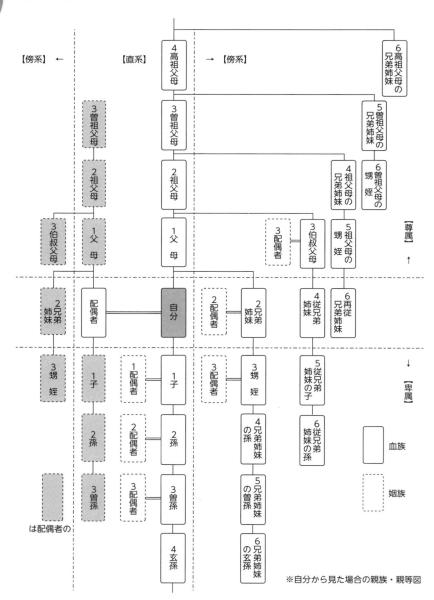

※自分から見た場合の親族・親等図

磯野家・フグ田家の人びと

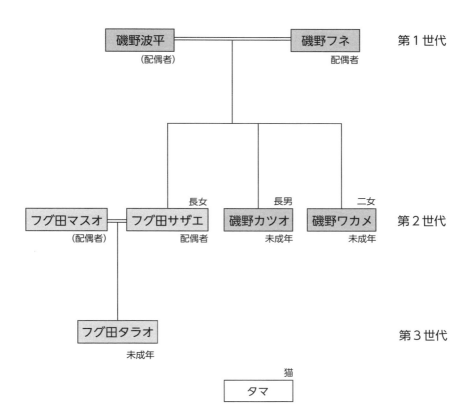

戸籍①	筆頭者：磯野波平、配偶者：フネ、長男：カツオ、二女：ワカメ
戸籍②	筆頭者：フグ田マスオ、配偶者：サザエ、長男：タラオ
住民票	不　明：磯野波平を世帯主とする住民票とフグ田マスオを世帯主とする二つの住民票がある可能性がある。 生活実態からは磯野波平を世帯主とする一つの住民票の可能性もある。

生活形態　2家族（世帯？）、3世代同居である。

最近の民法等をめぐる動き

02 注目したい司法判断と法改正

○ 民法改正

　2012（平成24）年4月1日から、「親権」に関わる「民法等一部改正」が施行されました。

　これは、近年深刻な社会問題となっている児童虐待の防止を図り、児童の権利利益を守る観点から、親権停止制度の創設（民法834条の2）など、民法や児童福祉法などを一部改正したものです。

　もう一つは未成年後見制度の見直し（民法840条、842条など）です。

　また、子の利益の観点の明確化（民法820条、822条、766条）も行われました。

　これらの詳細については別の機会に譲ります。

○ 成年被後見人の選挙権

　これは民法改正ではありませんが、関連事項として考えてみましょう。

　日本の成年被後見人には選挙権・被選挙権がありませんでした。成年後見人がつくと選挙権を失う公職選挙法の規定は法の下の平等などを保障した憲法14条に反するとした訴訟で、2013（平成25）年3月14日、東京地裁は、公選法の規定は「違憲で無効」とし、原告の選挙権を認める判決を言い渡しました。判決は、「後見開始の審判で判断されるのは財産等を管理する能力の有無であり、選挙権を行使する能力とは異

なる」として、公選法の規定は、「国民に保障された選挙権に対する『やむを得ない』制限とは言えない」と判断しました。

これを受けて同年5月公選法が一部改正され、7月1日以後に公示・告示される選挙について、成年被後見人の方は、選挙権・被選挙権を有することとなりました。

○ 2013年の最高裁大法廷決定

2013(平成25)年9月4日、最高裁大法廷は全員一致で、婚外子(法律上は「嫡出でない子」)の相続差別を「違憲」とする決定を出しました。結婚していない男女の間に生まれた婚外子の遺産相続分を「嫡出子」(法律上の夫婦の間に生まれた子)の半分と定めた民法の規定が、法の下の平等を保障した憲法14条に違反するかどうかが争われた2件の家事審判の特別抗告審の決定です。これは、1995(平成7)年の「合憲」判断を18年ぶりに見直したものです。

○ 2015年の最高裁大法廷判決

夫婦別姓を認めないことや、女性のみ離婚後6か月間の再婚を禁止している民法の規定が憲法に違反するかどうかが争われた二つの上告審で、最高裁大法廷は2015(平成27)年12月16日、初の憲法判断を示しました。

上の二つについては、引き続きもう少し詳しく見ていきます。

1

婚外子

03 違憲判断で撤廃された婚外子差別

⭕ 最高裁大法廷決定

　2013（平成25）年9月4日、最高裁大法廷は全員一致で、婚外子（法律上は「嫡出でない子」）の相続差別を「違憲」とする決定を出しました。

⭕ 少しだけ歴史を

　両親が結婚しているかどうかで子どもの相続に差を設ける規定は、115年前の1898（明治31）年に施行された民法で設けられました。

　民法は、日本国憲法に基づいて1947（昭和22）年に大改正されましたが、この規定はそのまま引き継がれました。

　その後、この規定は改正すべきだとする声が高まり、国連の人権機関も再三にわたって差別をなくすよう勧告してきました。

　我が国以外で嫡出子と嫡出でない子の相続分に差異を設けている国は、世界的にもきわめて限られた状況にあります。

⭕ 最高裁決定要旨

　最高裁決定の要旨は次のとおりです。

　民法900条4号ただし書き前段の規定（「嫡出でない子の相続分は、嫡出

である子の相続分の2分の1とする」）は、憲法14条1項に違反している。子どもは婚外子という立場を自ら選ぶことも取り消すこともできない。現在は社会が変化し、家族の多様化が進むなかで、結婚していない両親の子どもだけに不利益を与えることは許されず、相続を差別する根拠は失われている。

　なお、本決定の違憲判断は、平成13年7月当時から本決定までの間に開始された他の相続につき、民法900条4号ただし書前段の規定を前提としてされた遺産分割審判等の裁判、遺産分割協議その他の合意等により確定的なものとなった法律関係に影響を及ぼさない。

◯ 民法一部改正

　上記の最高裁決定を受けて、2013（平成25）年12月5日、民法が一部改正されました（公布・施行は12月11日）。

　900条4号ただし書のうち、「嫡出でない子の相続分は、嫡出である子の相続分の2分の1とし、」の部分が削除され、嫡出子と婚外子の相続分が同等であることが民法上も明確になったのです。

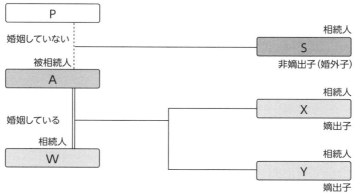

民法改正後
＊嫡出子X・Yと非嫡出子（婚外子）Sの法定相続分は同じ。
＊このケースの場合、Pには相続権はない。法定相続分は以下のとおり。
　W：1/2、S：1/6、X：1/6、Y：1/6

1

再婚禁止期間①

04 女性の再婚禁止期間に一部違憲判断

○ 大法廷と小法廷

　最高裁に持ち込まれた事件はまず小法廷に係属しますが、憲法判断を要したり、判例の変更が必要とみなされたりする重要な事件については大法廷に回付され、15人の裁判官全員で審理をします。今回大法廷に回されたということは、新しい憲法判断がなされる可能性があったということです。

- ・大法廷：最高裁判所における、裁判官15人全員の合議体で審理する法廷のこと
- ・小法廷：最高裁判所における、裁判官5人の合議体で審理する法廷のこと
  従って、小法廷は3つあります

○ 民法改正案要綱

　今から約20年前、1996（平成8）年2月に「民法の一部を改正する法律案要綱」が決定されました。このうち、「婚外子の相続分」については、前項で書いたとおり、2013（平成25）年最高裁大法廷決定とそれに続く民法改正によって実現しました。

　しかし、今回問題となった「再婚禁止期間」やいわゆる「夫婦別姓」などについては、20年も経ったにもかかわらず、また再三にわたる国連の自由権規約委員会の勧告、女性差別撤廃委員会の勧告にもかかわら

ず放置されてきました。

○ 再婚禁止期間の短縮

　2015（平成27）年12月16日、最高裁は女性にのみ離婚後6か月の再婚を禁止している民法733条の規定について「100日を超える部分は違憲」と判断しました。

　ただ、再婚を法律上禁止しても、事実上の再婚を阻止することはできませんから、子の父親がどちらかわからない事態が発生します。すると、面倒な手続きを経てはじめて父親が確定するということになります。婚姻するカップルの4分の1が再婚であり、離婚・再婚が日常化している今日、これは不合理ではないでしょうか。

　このことは、民法を改正して再婚禁止期間を100日に短縮しても同じことです。

　実態に即して言えば、再婚禁止期間を廃止し、民法772条の父性推定の規定を次のように改正することが合理的ではないでしょうか。みなさんも考えてみてください。

「妻が婚姻後に出産した子は、夫の子と推定する」

　注）こう規定すると、偽装結婚とか不法入国などに「悪用」される可能
　　　性があります。しかし、それは別の方法で規制すればよいことです。

【参考】
民法772条　妻が婚姻中に懐胎した子は、夫の子と推定する。
2 婚姻の成立の日から二百日を経過した後又は婚姻の解消若しくは取消しの日から三百日以内に生まれた子は、婚姻中に懐胎したものと推定する。

再婚禁止期間②

05 女性の再婚禁止期間を 100日に短縮

● 再婚禁止期間の短縮……民法一部改正

　2016（平成28）年6月1日、再婚禁止期間の短縮に関する民法改正が成立し、女性の再婚禁止期間が6か月から100日に短縮されました（6月7日公布・施行）。

　この改正は公布日から施行されましたが、法務省はすでに最高裁判決を受けて、離婚後100日を超える婚姻届を受理するよう自治体に通知し、事実上規定が見直されていますので役所の窓口実務に大きな影響はなかったようです。

● 改正前後の条文比較

　次に改正前後の条文を載せておきます。

【改正前】

（再婚禁止期間）

民法733条　女は、前婚の解消又は取消しの日から6か月を経過した後でなければ、再婚をすることができない。

2　女が前婚の解消又は取消しの前から懐胎していた場合には、その出産の日から、前項の規定を適用しない。

（再婚禁止期間内にした婚姻の取消し）

民法７４６条　第７３３条の規定に違反した婚姻は、前婚の解消若しくは取消しの日から６か月を経過し、又は女が再婚後に懐胎したときは、その取り消しを請求することができない。

【改正後】

（再婚禁止期間）

民法７３３条　女は、前婚の解消又は取消しの日から起算して１００日を経過した後でなければ、再婚をすることができない。

２前項の規定は、次に掲げる場合には適用しない。

一　女が前婚の解消又は取消しのときに懐胎していなかった場合

二　女が前婚の解消又は取消しの後に出産した場合

（再婚禁止期間内にした婚姻の取消し）

民法７４６条　第７３３条の規定に違反した婚姻は、前婚の解消若しくは取消しの日から起算して１００日を経過し、又は女が再婚後に出産したときは、その取り消しを請求することができない。

　　改正後の、７３３条２項一号・二号の規定は、「父は誰か」という推定が重ならない場合は１項を適用せず（１００日を待たず）、すぐに再婚できるようにしたものです。この場合は婚姻届に、民法７３３条２項に該当する旨の「医師の証明書」を添付しなければなりません。

　　ただし、従来から認められていた、前婚の夫と再婚する場合などについては「証明書」は要りません。

1

06 再婚禁止期間③
改正民法と憲法の関係

改正後の民法と憲法自体を確認しておきましょう。

民法733条　女は、前婚の解消又は取消しの日から起算して100日を経過した後でなければ、再婚をすることができない。
2前項の規定は、次に掲げる場合には適用しない。
一　女が前婚の解消又は取消しのときに懐胎していなかった場合
二　女が前婚の解消又は取消しの後に出産した場合

民法750条　夫婦は、婚姻の際に定めるところに従い、夫又は妻の氏を称する。

民法772条　妻が婚姻中に懐胎した子は、夫の子と推定する。
2婚姻の成立の日から二百日を経過した後又は婚姻の解消若しくは取消しの日から三百日以内に生まれた子は、婚姻中に懐胎したものと推定する。

憲法13条　すべて国民は、個人として尊重される。生命、自由及び幸福追求に対する国民の権利については、公共の福祉に反しない限り、立法その他の国政の上で、最大の尊重を必要とする。
2項、3項　―略―

憲法14条　すべて国民は、法の下に平等であって、人種、信条、性別、社会

的身分又は門地により、政治的、経済的又は社会的関係において、差別されない。

憲法24条　婚姻は、両性の合意のみに基づいて成立し、夫婦が同等の権利を有することを基本として、相互の協力により、維持されなければならない。
2 配偶者の選択、財産権、相続、住居の選定、離婚並びに婚姻及び家族に関するその他の事項に関しては、法律は、個人の尊厳と両性の本質的平等に立脚して、制定されなければならない。

◯ 再婚禁止期間は廃止すべき

　最高裁は女性にのみ離婚後6か月の再婚を禁止している民法733条の規定について「100日を超える部分は違憲」と判断しました。期間を短縮したことは一歩前進です。この判決に沿って、2016（平成28）年6月に民法が改正されました。

　再婚禁止期間は、離婚した女性が生んだ子どもが、前夫の子か、現夫の子かを推定し、父子関係をめぐる争いを防止するために設けられました。ところが、民法772条2項の規定があるため、再婚禁止期間は100日あれば推定重複は避けられるとされています（18〜21ページ参照）。

　しかし、今日では科学や医学の進歩で再婚禁止期間がなくても誰の子かわかります。女性だけに婚姻の権利を制限するのは差別であり、廃止すべきです。

　また、世界は再婚禁止期間をなくす方向で進んでいます。ドイツは1998年に、フランスは2004年に、韓国は2005年に廃止しています。イギリス、カナダ、中国などは、もともと再婚禁止期間がありません。

夫婦別姓①

07 日本の夫婦同氏は 世界の少数派

⚪ 2015年の最高裁判決

　夫婦別姓を禁じた民法750条について最高裁は「現行の制度はわが国の社会に定着している」として合憲と判断しました。15人の裁判官のうち5人は違憲としましたが、10人の多数意見で合憲としました。

　判決は、女性が不利益を受ける場合が多いこと、不利益を避けるため婚姻届を出さない人たちがいることは認めました。ところが、これら不利益は「通称使用が広まることにより一定程度は緩和されうる」などとしました。これは、運転免許証や健康保険証、銀行口座など、公的文書の多くが戸籍名しか使えないことを見ない暴論です。

　ただ判決は、選択的夫婦別姓について「合理性がないと断ずるものではない」として、制度のあり方は「国会で判断されるべき事柄」と国会に委ねました。

⚪ 夫婦同氏の原則

　日本の民法の表現にしたがって、「夫婦同氏」としましたが、「氏」は「姓」と同じことです。夫婦は、婚姻の際に夫又は妻の氏のどちらかを夫婦の氏としなければなりません（民法750条）。

　「夫婦同氏」が「婚姻の効力」とされ、現行制度では、夫婦の氏を定めなければ「婚姻届」が受理されません。これは憲法24条（婚姻は両

性の合意のみに基いて成立する）に反するという意見があります。

　「夫又は妻の氏のどちらか」を選択となっていますが、実態は約96%が夫の氏を選択しています。多くの女性は結婚前の職業生活・社会生活上の信用や実績が中断したり、免許・預金・不動産登記・パスポートなどの名義変更手続きをしなければならないなどの不利益を被ってきました。

　氏は単に個人の呼称というだけではなく、名と結びついて「人格権」と考えられています（最高裁）。とすれば、本人の意思によらないで「氏の変更」を強制することは許されません。夫婦同姓を強制されることは生活上の不便というだけでなく、自身の姓を奪われることをアイデンティティーの喪失と感じたり、大きな違和感を感じたりすることになります。

◯ 夫婦同姓は常識？

　いま日本に生きている私たちは、祖父母以前から「夫婦同氏」の中で暮らしていますから、「これが常識」みたいに思いがちです。しかし、国際的に見ると実は日本の制度は例外的で、以下のようなケースが多数派です。

(1)同氏・別氏の選択が可能な国

　・ヨーロッパ、アメリカをはじめ多くの国が採用しています。

(2)夫も妻も氏が変わらない国（氏不変）

　・韓国、中国、イタリア、スペイン等

(3)複合姓……たとえば、「スミス山田公子」

(4)その他……日本でも国際結婚した人たちは、すでに「夫婦別姓」が認められています。

1

夫婦別姓②

08 内縁・事実婚と
法的保護

● 家の氏から個人の呼称へ

民法750条　夫婦は、婚姻の際に定めるところに従い、夫又は妻の氏を称する。

　明治民法下では「氏」は「家の氏」でしたが、1947年の民法改正で「氏は個人の呼称」とされました。しかし、「同氏同籍の原則」は継続され、「夫婦同氏」が「婚姻の効力」とされ、現行制度では、夫婦の氏を定めなければ「婚姻届」が受理されません。これは憲法24条（婚姻は両性の合意のみに基いて成立する）に反するという主張があります。

● 選択的夫婦別姓制度

　「夫婦同氏の原則」によって圧倒的に多くの女性が「姓」を変更しています。これには、憲法13条（幸福追求権）や24条（両性の平等）に反するとの強い意見があります。

　すでに1996年には法制審議会が「民法改正案要綱」を答申し、「選択的夫婦別姓の実施」「婚外子差別撤廃」「婚姻年齢の統一」などを示しています。ところが答申から20年も経つのに、「婚外子の相続差別」と「女性の再婚禁止期間の短縮」を除いて、法改正は遅々として進んでいません。

26

注）別姓がすべての夫婦に強制されると誤解されている方もありますが、「選択的」夫婦別姓であって、「夫婦別姓」を「強制」するものではありません。同姓にしたい人はそうすればいいけれど、別姓のまま法律婚にしたい人たちの権利も認めるということです。

○ 事実婚

このような状況を背景に、「自分たちの主体的な意思で婚姻届を出さない」カップルが増えています。当事者が主体的に選択した関係であり、これまでの「内縁」とは実情が異なるので「事実婚」と呼ばれています。

子どもの出生を機に婚姻届と便宜的な離婚届を出すことを繰り返している方もあります。婚姻届を出さない事実婚のまま子どもを産むと、法律上子どもが婚外子（法律的には、「非嫡出子」）として扱われ、不利益を被ることがあるため、出産前後に婚姻届・離婚届を出したのです。

また、婚姻届を出さない事実婚は相続などで法律婚の夫婦と同じ扱いにならないなどの不利益が生じます。

○ 法的保護

内縁の法的性質を「婚姻に準ずる関係」（＝準婚関係）として、婚姻法の類推適用によって法的解決を図る考え方があり、最高裁も同様の考え方を採用しているようです。これは「事実婚」にも当てはまります。

法的に保護する以上、その成立要件が問題になりますが、「婚姻の意思」と「夫婦共同生活の実態がある」ことが必要であるとされています。その意味では「同棲」の場合は「婚姻に準ずる関係」と認められるのは難しいのではないでしょうか。

1

09

夫婦別姓③

選択的夫婦別姓Q＆A

○ そもそもどんな制度？

　夫婦はそれぞれの希望にそって、同姓でも、別々の姓でも、どちらでも選べる制度です。意図的に「夫婦別姓を強制する」と主張されることがありますが、それは誤りです。同姓でも別姓でも法律婚として認められます。

　世界は、国連女性差別撤廃条約にそって法改正を進めています。今や「夫婦同姓」を法律で義務づけている国は日本だけとなっています。

○ 現行制度はどちらの姓でも選べるが？

　民法750条は、「夫婦は、婚姻の際に定めるところに従い、夫又は妻の氏を称する」としています。

　「どちらの姓を選んでもよいので、女性差別には当たらないのでは？」という意見、疑問があります。確かに強制していませんが、現実には96％の女性が夫の姓に変えています。こんなに偏るのは、日本社会に根深い男女不平等があるからです。

　最高裁判決の少数意見は、婚姻後の姓を決める「意思決定の過程に現実の不平等と力関係が作用している」として、その点に配慮せず夫婦同姓に例外を設けないのは、女性に負担を負わせることになり、「個人の尊厳と両性の本質的平等に立脚した制度とはいえない」と批判しています。

　また、妻の氏を選択した場合、「婿養子」という表現をする方がいますが、

これは現行民法以前（すなわち明治民法）の考え方、意識と言えるでしょう。

◯ 子どもの姓は？

　別姓夫婦の子どもは、夫婦いずれかの姓で届けることになります。具体的には、「婚姻の際に定める」「出生時に定める」などの案があります。

　また、子どもが成人した（あるいは18歳になった）とき、改めて父母のいずれかの姓を自分で選んで決めることができるとされています。

◯ 通称使用では解決しないのですか？

　戸籍名と通称の二つの姓がある限り、使い分けの不利益や不便はなくなりません。これは先に説明したとおり、公的文書の多くが戸籍名しか使えないことからも明らかです。また、「通称使用」が拡大されても「アイデンティティー」の問題は解決しません（24～25ページ参照）。

◯ 夫婦同姓は日本の伝統？

　日本で、町民や農民が姓を使えるようになったのは1870年（明治3年）、義務化されたのは1875年（明治8年）で、当初は夫婦別姓でした。夫婦同姓は1898（明治31）年に成立・施行された明治民法からです。戦後、民法が改正され、「家」制度が否定されたにもかかわらず、また、たかだか110年余しか経っていないにもかかわらず「伝統」と言うのでしょうか？

◯ 別姓は家族の一体感を壊す？

　同姓の法律婚であっても離婚は増えていますし、近年、家族のあり方は多様化しています。家族の一体感は、法律の強制や姓で決めるものではなく、日常生活の中で互いの愛情と信頼で培っていくものでしょう。

父子関係

10 法律上の父子関係は「推定」にもとづく

民法772条に関わる問題を見ておきましょう。

○「みなす」「推定する」の意味

法律用語で「みなす」は、性質を異にする事物について、これを同一視することを指します。そしてこれは事実でないことを証明しても覆りません。

反対に「推定する」は、争いや不確定な状態を避けるために法が一応下す判断のことを指し、当事者がこれと異なることを証明したときは効果を失います。

○ 強力な「推定」

民法772条は「妻が婚姻中に懐胎した子は、夫の子と推定する」としています。

前著で「『実子』の規定の初っ端が『推定する』ですよ！　何と頼りない規定ではありませんか」と書きました。

「嫡出推定」は推定にすぎませんから、この「推定」を争うことができます（民法774条）。

ただし、民法はこれを訴訟に限定し（775条）、夫だけが子の出生を知ってから1年以内に否認の訴えを起こすことができる（777条）としています。すなわち、この「推定」は強力な効果を持っているのです。

30

おそれいります
切手をお貼り
ください

601-8382

京都市南区吉祥院
石原上川原町21

株式会社
クリエイツかもがわ
行

〒□□□-□□□□

TEL　　　　　　E-mail※

（フリガナ） 氏　名	年齢 　　　歳代

| 職　業 | |

| メルマガ購読 | □ する | □ しない | ※E-mailを ご記入ください |

●ご記入いただいた個人情報は、小社が書籍情報・関連イベントの案内を送付するために使用し、責任をもって管理します。

愛読者カード

ご購読ありがとうございました。今後の出版企画の参考にさせていただきますので、お手数ですが、ご記入のうえ、ご投函くださいますようお願い申しあげます。

本のタイトル	本の入手先

この本を、どこでお知りになりましたか。
- □ 新聞・雑誌広告（掲載紙誌　　　　　　　　　　）
- □ 書店で見て
- □ 人にすすめられて
- □ その他（　　　　　　　　　　　　　　　　　　）

ご感想・取り上げてほしいテーマなどご自由にお書きください。

追加書籍注文書

書名	冊数

● 表面の 氏名、住所、電話番号を明記 して、ご注文ください。振込用紙同封にて本を送付いたします。代金は、本の到着後、お近くのゆうちょ銀行からお支払いください。
※愛読者カードからのご注文は送料(240円)無料でお送りします。
http://www.creates-k.co.jp/　HPの書籍案内・注文フォームもご利用ください。

● 最高裁判決……「嫡出推定」はDNA鑑定より優先

　2014（平成26）年7月17日、DNA鑑定で血縁関係が否定された場合に法律上の父子関係を取り消せるかが争われた3件の訴訟の上告審で、最高裁第1小法廷は、父子関係を取り消すことはできないとする判決を言い渡しました。妻が婚姻中に妊娠した子は夫の子とする民法の「嫡出推定」規定は、DNA鑑定の結果より優先されるとの初判断を示したものです。

　同小法廷は判決理由で、嫡出推定について「子の身分の法的安定性を保持するのに合理的」と指摘し、「科学的証拠で生物学上の父子関係がないことが明らかになっても、法的安定性の保持は必要」と判断し、「法律上の父子関係と生物学上の父子関係が一致しないこともあるが、民法は容認している」と結論づけました。

　ただし、この判決は3対2の多数決でした。反対意見は「生物学上の父との間で新たに法的な親子関係を確保できる状況にあるなら、戸籍上の父との関係を取り消すことを認めるべきだ」としました。したがって、今後この判決は変更されることもあり得ると考えられます。

● 夫（父）が争わない場合

　A（夫）とW（妻）の間には、X・Y・Zの3人の子があります。XはAの子ですが、YはGの子、ZはHの子であり、それは周知の事実でした。ところが知ってか知らずか、Aはそのことをまったく問題にしませんでした。この場合、X・Y・ZはA・Wの嫡出子です（民法772条1項）。

【関連】嫡出の承認

　民法776条　夫は、子の出生後において、その嫡出であることを承認したときは、その否認権を失う。

---

1 同性婚

11 同性婚は認められるか？

● 渋谷区で「同性カップル証明条例」が成立

2015（平成27）年3月31日に渋谷区で同性カップルを「公的パートナーと証明する」条例が成立しました。全国初です。

ただし、この証明書には法的効力はありませんので、海外の同性パートナーシップ制度や同性婚のような法的保障や権利（健康保険の扶養、税金の配偶者控除、年金の分割、子どもの共同親権など）は得られませんが、家族向け住宅の入居や入院中の面会、企業の家族手当や慶弔休暇などで、同性パートナーを家族として扱うよう求めることができるようになります。

同年11月、世田谷区でも同様の制度を開始しました。引き続き、兵庫県宝塚市、沖縄県那覇市、三重県伊賀市が導入の方向で検討を始めています。

ドイツの同性パートナーシップ法も施行当時は「結婚」ではないという前提に立っており、得られる法的保障や権利は限られていました。しかし、判決の積み重ねで徐々に「結婚」に近づいています。

● 同性婚は認められるか

世界には同性婚を制度化している国や、パートナー登録を認め、婚姻に類した権利義務を保障している国があります。

日本国憲法は「婚姻は両性の合意のみに基づいて」としていますが、この趣旨は旧民法下で、婚姻が親や戸主の意向のままに決められていた事実を踏まえ、女性の権利を確立することにあり、民法で同性婚を認めたり、登録制度を設けることを排除するものではありません。

○ 同性婚を合法化した国

　オランダ（世界初、2001年）　ベルギー　スペイン　カナダ　南アフリカ　ノルウェー　スウェーデン　ポルトガル　スロベニア　アイスランド　アルゼンチン　デンマーク　ウルグアイ　ニュージーランドフランス　イギリス　フィンランド　ルクセンブルク　アイルランドグリーンランド　エストニア

- 2017年のデータです。変動していますので固定的に見ないでください。
- 上と重なる国（地域）もありますが、「パートナーシップ法」がある国も20以上あります。
- 法案検討中の国が数か国あります。
- アメリカ合衆国 ： 2015年6月「同性婚を認めないのは違憲」との最高裁判決。20近い州が合法化。
- メキシコは州によって違います。
- 逆に同性愛者を死刑や禁固刑とする法律がある国もあります。
- WHO（世界保健機関）は、1993年同性愛を病気からはずしました。

※2015年の最高裁判決に関連して考えてきましたが、これらについて、私は「日本の常識は世界の非常識？」という文章をまとめたことがあります。いわゆる「常識」にとらわれずに、世界に開かれた眼を持つことが大切ではないでしょうか。

コラム1 戸籍の附票

　「本籍地」と「住所」は違います。たまたま同じところの方もいますが、法的な意味は違います。

　戸籍には住所を書く欄がありません。そこで、戸籍に載っている本人の現住所が確認できるように、戸籍には本人の住所の移り変わりを記録した「附票」がつけられています。転居先の市町村で住民登録をすると、そこから本籍地の市町村に送付され、「附票」に現住所が記録されます。これを「戸籍の附票」と言います。

　相続手続きのときなど、本籍地はわかるが住所は分からないということがときどきあります。こんなときには、本籍地の市町村に「戸籍の附票」を請求すれば現住所がわかるという仕組みになっています。

　ただし、戸籍に登録されていた人が結婚したり死亡したりして、全員いなくなってしまって「除籍簿」になっている場合は、5年経つと「附票」は廃棄され、請求しても取れません。ずいぶん前に亡くなっていても、該当の戸籍に一人でも残っている場合はOKです。

　ついでに「住民票（除票）」ですが、死亡すると住民票も「除票」となり、死亡から5年経つと取れなくなります。

第2章

相続

2

相続税改正

12 課税対象が広がった相続税

◯ 法改正

　2015（平成27）年1月1日以降の相続発生（すなわち、被相続人の死亡）で基礎控除は3,000万円＋相続人1人につき600万円を加えた額に引き下げられました。「控除額」が引き下げられたということは「増税」ということです。改正前の60％ですから相当なものです。改正前は課税される方は100人中4～5人でしたが、6～8人ぐらいに増えたそうです。ただし、税率が跳ね上がったわけではありません。大雑把に計算してみて、「課税」の可能性がある場合は税理士に相談し、必要な場合は正確に計算してもらいましょう。

◯ 平成26年中に相続が発生していた場合

　2014（平成26）年12月31日までに相続が発生（すなわち被相続人が死亡）した場合は改正前の控除が適用されます。相続手続きが翌年以降になっても大丈夫です。基礎控除5,000万円＋相続人1人につき1,000万円を加えた額です。他に「小規模宅地の特例」や「配偶者の税額軽減」など、さまざまな控除がありますので、平均的なサラリーマンの場合はあまり相続税の心配をする必要はありません。非課税の場合は申告の必要もありません。

　ただし、相続税が課税される場合は相続開始を知った日の翌日から

10か月以内に申告しなければなりませんので注意してください。

例えば―――――――――――――――――――――――――――――

　被相続人Aに、妻Wと子2人がいる場合を考えます。誤解が多いのが不動産を共有している場合です。自宅不動産がA・Wの持分各2分の1ずつの共有で相続税評価額4,000万円とすると、Aの遺産は4,000万円ではなく2,000万円となります。他にAの預金が3,000万円あり、その他の遺産がないとすればAの遺産総額は5,000万円です。

　基礎控除は、3,000万円＋600万円×3人＝4,800万円です。相続税の課税対象は5,000万円ではなく、控除額を超えた200万円となります。配偶者の税額軽減などもあり具体的な相続税額の算定は複雑ですが、大した金額にはなりません。このケースが改正前の相続発生であれば基礎控除は8,000万円ですから、そもそも相続税は非課税です。

注）固定資産の相続税評価方法　土地は、路線価等で評価しますが、土地の
　　形状等によって補正しますので単純に「路線価×面積」とはなりません。
　　一応の目安と考えてください。通常は、実勢価格より安くなります（70
　　～80％程度）。建物は固定資産税評価額と同じです。

○ 相続税が心配

　相続税が上がったから相続税対策のために「生前贈与したい」という方がありますが、「贈与税」は税率が高いので特別な場合を除いて逆効果です。相続税の「節税」のみに目を奪われると大局を見失うことになりますので、税理士の力を借りるなど慎重な対応が必要です。

　夫婦間で居住用不動産を贈与した場合の配偶者控除、相続時精算課税制度、直系尊属からの住宅取得資金贈与、教育資金の一括贈与など、利用できる制度もあります。多額の財産がある場合は税理士などの専門家に相談しましょう。

相続に関わる税金など

法改正

　2015(平成27)年1月1日以降の相続発生(すなわち、被相続人の死亡)で基礎控除は3,000万円＋相続人1人につき600万円を加えた額(改正前の60％)に引き下げられました。

　このことはマスコミでも大きく取り上げられたのでよく知られています。しかし、相続に関わる税金は「相続税」だけではありません。

登録免許税

　遺産に不動産(土地・建物)が含まれる場合は、名義変更(所有権移転登記)の際に必要となります。税率は「不動産評価額」の1,000分の4です。

譲渡所得税

　親の家(住居)を相続したが、子は全員独立しているので売却することにした、というときに問題となります。

　譲渡所得は、土地や建物を売った金額から取得費、譲渡費用を差し引いて計算します。取得費がわからなかったり、実際の取得費が譲渡価額の5％よりも少ないときは、譲渡価額の5％を取得費(概算取得費)とすることができます。また、損失が出た場合の特例などもあります。

　したがって、取得費がわかる書類が必要です。「重要書類」として「登記済権利証」と一緒に「売買契約書」などが保管してある場合が多いので確認してください。

　譲渡所得税が課税される場合は、その年の所得が一時的に増えますので、譲

渡所得税の納税だけでなく、次年度の「住民税」や「国保料」などにも影響します（高くなります）ので注意が必要です。

相続後の贈与など

相続した不動産を共有していたが、何らかの事情で持分を贈与するといった場合、贈与税（国税）の対象となります。併せて注意を要するのは、「不動産取得税」が課税されることです。これは「道府県税」です。詳細は「府税事務所」などで確認しましょう。

固定資産税

これは不動産所有者にかかる「市町村税」であり、比較的よく知られています。

農地に関する相続税

市街地にある田畑については、原則として付近の宅地の価額に比準して計算します。したがって、相続税額も高額となります。

しかし、農地については「相続税の納税猶予」という特例があります。この特例を受けるための要件や手続きは複雑ですので、専門に扱っている税理士にご相談ください。

※相続に関わる税金問題は奥が深いので、詳しくは税理士にご相談ください。

2

13 相続の開始と概略
日本の相続法の特徴

◯ 相続とは

　相続とは、ある人が亡くなったとき、その配偶者や子などが財産や権利・義務を受け継ぐことです。この場合、亡くなった人を「被相続人」、財産を受け継ぐ権利のある人を「相続人」と呼びます。

◯ 相続の開始

民法882条　相続は、死亡によって開始する。

　「相続の開始」と言いますが、これはきれいごとではありません。「人が死ぬ」ということです。隠居などによる家督相続を認めていた旧民法と違って、現行民法では相続原因は「死亡」のみです。ある人が死亡するとその人は「被相続人」となり、死亡と同時に「相続」が発生し、相続人による遺産の共有が始まります。死亡届を出したかどうか、相続手続きをしたかどうかなどを問いません。

40

○ 日本の相続法の特徴

　相続については、「法定相続主義」と「遺言相続主義」とがあります。日本の現行相続法は遺言を優先し、遺言がない場合に法定相続となります。ただし、「遺留分」が保障されており、遺言が全面的に優先されるわけではありません。「遺留分」については「第2章　遺言」で説明します。

　また、遺産分割協議において相続人全員の合意があれば「遺言」内容と違う遺産分割も有効です。これを単純化して示すと以下の優先順位となります。

①**遺産分割協議**
②**遺言**
③**法定相続**

　日本では、「遺言」を書く習慣はまだ一般化していませんが、自分の意思をはっきりさせておくためにも、自分の死後相続人間でもめ事を発生させないためにも「遺言」を書いておくことをお勧めします。「遺言」に抵抗がある方は、まずは「エンディングノート」を書いてみてはいかがでしょうか。ただし、例外的な場合を除いてエンディングノートには法的効力はありませんのでご注意ください。

　・エンディングノートについては第3章をご参照ください。

○ 被相続人の意向と相続人間の公平

　上記の優先順位があるとは言っても、遺産分割協議の際「法定相続分」を考慮に入れることが普通に行われていますし、場合によっては生命保険など「相続財産」ではない財産や権利を考慮することも必要になります。

　要は、被相続人の意向を尊重すること、共同相続人間の公平を図ることが重要です。「公平」とは必ずしも「相続分が等しい」ということではなく、共同相続人間の合意と納得を得られる内容という意味です。

2

14 相続手続きの前に①
葬儀

○ 葬儀は大変

　故人の意思で葬儀をしないというケースも増えてきていますが、多く
の方は葬儀をされます。たいていの相続関係の書籍では、「葬儀が済ん
でから」のことが書かれています。でも、「葬儀」が大変なのです。

　最近は葬儀屋さんに依頼される方が多いようですが、葬儀前後にしな
ければならないさまざまな手続きは、大手よりもいわゆる「街の葬儀屋
さん」の方が親身に相談に乗ってくれるようです。肩を持つわけではあ
りませんが、やはり「顔の見える」関係は大事だと思います。「家族葬」
も増えていますが、以下に書くことは家族葬でも基本的には同じです。

○ 葬儀に関わる諸問題

(1)まず、費用の見当がつきません。これは、率直に葬儀屋さんと相談す
　べきです。自分が払える金額をはっきりさせ、その範囲で収まるよう
　にします。お寺さんへの「御布施」の金額等も率直に聞きましょう。「葬
　儀の費用に上限はありません」から、必要なもの、必要でないものを
　きちんと区別します。

　　自治体によっては低価格で「市営葬儀」を行っているところがあり
　ます。これには直営と委託があり、委託の場合は「追加料金」に注意
　する必要があります。京都市のように、財政難を理由にこの事業を廃

42

止した自治体もあります。

(2)仏教で言いますと、都会では、「檀那寺」を持たない方が多いので、ど
このお寺さんに頼めばよいのかわかりません。でもこれは葬儀屋さんに
聞けばなんとかなります。中には、自分が何宗なのか知らない方もあり
ます。これは親族の中の年長の方に聞けばわかるでしょう。

(3)最近では、「家紋」を知らない方もあります。若い方では、「家紋」っ
て何？という感じでしょうか。これも(2)と同じです。

(4)儀式の流れ自体は葬儀屋さんがプロですから、特別な希望がなければ
お任せしてよいでしょう。

○ 葬儀の効用

　悲しみの中で、あっという間に時間が過ぎてゆきます。葬儀、初七日
も済み、親族も帰って行かれます。緊張が解け、あらためて悲しみが込
み上げてくるでしょう。

　ここからは私見です。「葬式仏教」という言葉があるぐらいで、「あん
な形式的なことは無駄あるいは不要だ」というご意見もあります。しか
し考えてみてください。

　「よくわからないことをバタバタと処理し、気がついたら数日経って
いた」「バタバタ」と「緊張」、これが「愛する人」「身近な人」が亡くなっ
た衝撃から人を守ってくれているのではないでしょうか。耐えられない
悲しみを、悲しんでいる暇もなく数日が過ぎ去る。これは、葬儀という
「防波堤」あるいは「バリケード」が人の心を守ってくれていると言え
ないでしょうか。

　私は体験的にそう思います。葬儀を前後する一連の流れ・手続き、こ
れは人類が考え出した「大いなる知恵」ではないかと思うのです。

・仏教を念頭に書きましたが、他の宗教の方、無宗教の方は置き換えてお
読みください。

2

15 相続手続きの前に②
チェックリストが便利

◯ 葬儀が終わりました

　葬儀が終わったということは、「死亡届」ならびに「死亡診断書」あるいは「死体検案書」を市町村役場に提出して火葬等も終わったということです。

※市町村役場からは、「印鑑登録カード」「介護保険被保険者証」「国民健康保険被保険者証」などを返却してくださいと言われることがありますが、これは「死亡届」を提出すると連動して無効になるので、返却せずに自分で処分してもかまいません。あるいは「記念」に取っておきたいという方もいらっしゃるようですが、そうしても問題はありません。運転免許証も同じです。

※「死亡届」を提出すると、「戸籍」も「住民票」も抹消されるので、わざわざ別に手続きをする必要はありません。

◯ チェックリストの作成

　死亡に伴って、各種手続きや届け出が必要になります。①電話で済むもの、②書類を取り寄せて手続きをするもの、③役所などの窓口へ出向く必要のあるものに分類します。わからなければ電話をすれば教えてくれます。そして期限の早いものから優先して処理していきます。このとき、「チェックリスト」を作っておくと役に立ちます。

※次項に「チェックリスト」（概要）をまとめておきましたが、これらの手続きに特化して詳しく説明している本があります。参照すると役に立ちます。

◯ 遺族が協力して手続きを進めましょう

核家族が多い現代では、故人と同居していたのは高齢の配偶者だけというケースも珍しくありません。いろんなケースが考えられますが、いずれにしろ遺族が協力し合い、お互いの負担を軽くするような気づかいをしながら進めていくことが大切です。

その際、遺族が情報を共有しておくことが重要です。そして、分担できることは分担して処理しましょう。このあたりの協力関係が後の遺産分割協議にも微妙に影響するようです。

◯ エネルギーがいります

手続きはうんざりするほどたくさんあります。これらを処理するには相当のエネルギーを要します。また、故人が一人暮らしの高齢者であった場合など、何がどこにあるかわからないことも多いようです。あるいは、夫が何でも自分でやる人で、妻は預貯金がどうなっているのか、どんな生命保険に入っているのか、株を持っているのかどうかなど、何もわからないという家庭もあります。

何歳で死亡するかは誰もわからないので、若いうちから「遺言書」を書いておくに越したことはありませんが、少なくとも、不動産や預貯金等のリストを整理しておく必要はあると言えます。

2

相続手続きの前に③

16 葬儀後の手続・届出等 チェックリスト(概要)

⑴なるべく早く行いたい名義変更（特に故人が世帯主であった場合）

□世帯主変更届（住民異動届）……14日以内に市町村役場へ

□公共料金等の名義変更（電気・ガス・水道・電話・NHKの受信料）

□住居が借家の場合は賃貸借契約書の変更

⑵故人が健康保険本人で、健康保険家族がいる場合

□健康保険……これは急ぎます。すぐに手続きをしないと、「家族」が無保険になってしまいます。他の方の家族になるか、国保に加入するかを選択します。

⑶資格喪失・退会・解約等の手続き

□年金……これは重要です。市町村役場からは連絡が来ません。年金を受給していた方が死亡した場合は14日以内に遺族が最寄りの年金事務所に「年金受給停止手続き」をする必要があります。国民年金の方も同じです。

　なお、故人が厚生年金被保険者で配偶者が国民年金の第3号被保険者であった場合は、配偶者は第1号被保険者になる手続きをしなければなりません。そうしないと「保険料未納」になってしまい、後日、加入期間不足などの困った問題が発生することがあります。

□各種の会員カードやクレジットカードには年会費が必要なものがありますので注意が必要です。

46

□携帯電話やインターネットも解約か変更をしておきましょう。

(4)年金・保険金等の請求

□埋葬料・葬祭費の請求　　　□高額療養費の請求

□未支給年金の請求　　　　　□遺族年金の請求

□死亡一時金の請求　　　　　□死亡保険金の請求

□入院・手術給付金の請求　　□未払い給与の請求

□死亡退職金の請求

　勤務先が手続きしてくれるものもありますが、基本的には遺族が請求手続きをします。

(5)その他の手続き

　必要な場合と不要な場合があります。また、希望するときだけ必要なものもあります。項目だけ挙げておきます。

□所得税の準確定申告……故人が確定申告をしていた場合（4か月以内）

□相続税の申告・納付……必要な場合のみ（10か月以内）

□復氏届………………………旧姓に戻りたい場合、市町村役場

□姻族関係終了届…………姻族関係を終了したい場合、市町村役場

□子の氏変更許可申請……家庭裁判所

□改葬許可申請……………お墓を移したいとき

(6)相続手続きの中で

□土地・家屋の所有権移転登記　　□預貯金の解約あるいは名義変更

□株式の名義書換え　　　　　　　□自動車の名義変更

2

相続の原則

17 死亡順で変わる
相続の順位

● 死亡の順番

　相続人は相続発生時に生存していることが前提です。したがって、相続においては誰が先に死亡したか、どういう順番で死亡したかが重要です。それによって相続関係が変わるからです。

　「親―子―孫」という関係で、親と子の死亡の順序によって、「数次相続」になったり「代襲相続」になったりします。また、死亡の順序によって相続人が変わります。これらについては後ほど触れます。ここで問題になるのは、飛行機事故などで父Ａと子Ｘが死亡したときですが、死亡の先後が明らかでない場合は「同時に死亡した」ものと推定されます。

● 相続の原則と法定相続分

　遺言がない場合は、民法の定める相続人が、定められた順位と割合で相続します。これを法定相続と言います。

　相続人には、「配偶者相続人」と「血族相続人」があり、配偶者は常に相続人となります。血族相続人には以下の順位があります。

第１順位　被相続人の子もしくは代襲相続人（孫、ひ孫などの直系卑属）
第２順位　被相続人の直系尊属（父母、祖父母など）
第３順位　被相続人の兄弟姉妹もしくは代襲相続人（甥・姪）

配偶者は常に相続人となりますが、第1順位の相続人がいれば第2順位の相続人には相続権はありません。同じように、第2順位の相続人がいれば第3順位の相続人には相続権はありません。

○ 法定相続分の割合

①夫が死亡し、妻と子（X・Y）がいる場合

　　相続人は妻と第1順位である子（X・Y）。相続割合は妻2分の1、X・Y各4分の1。これが一番もめることが少ないケースです。

②夫が死亡し、子も夫の両親も夫の兄弟姉妹もその子もなく、妻がいる場合

　相続人は妻のみ。相続割合は妻が全部。

③夫が死亡し、妻はなく、子（X・Y）がいる場合

　相続人は、子（X・Y）。相続割合は、X・Y各2分の1。

④夫が死亡し、妻も子もなく、夫の父（甲）、夫の母（乙）がいる場合

　　相続人は、第2順位である夫の父（甲）、夫の母（乙）。相続割合は、甲・乙各2分の1。

⑤夫が死亡し、子はなく、妻と夫の父（甲）、夫の母（乙）がいる場合

　　相続人は妻と第2順位である夫の父（甲）、夫の母（乙）。相続割合は、妻3分の2、甲・乙各6分の1。

⑥夫が死亡し、子、夫の父母はなく、妻と夫の兄弟姉妹がいる場合

　　相続人は妻と第3順位である夫の兄弟姉妹。相続割合は、妻4分の3、夫の兄弟姉妹4分の1。兄弟姉妹が複数いる場合は人数で等分します。

　ここまでは比較的もめることが少ないケースです。

2

法定相続分

18 遺言がない場合の
民法の規定

○ 法定相続分の原則

　相続分とは、共同相続において各相続人が相続すべき権利義務の割合のことです。つまり、積極財産（プラスの財産）・消極財産（マイナスの財産＝借金など）を含む相続財産全体に対する各相続人の持ち分を指します。これは、2分の1とか3分の1というような抽象的な割合で示されます。

　遺言がない場合は民法の規定「法定相続分」が適用されます。

○ 法定相続分

(1)配偶者と子が共同相続人である場合

* 配偶者2分の1、子2分の1。子が複数いる場合は2分の1を均等に分割します。たとえば子が3人いる場合は各6分の1となります。
* ここで問題になるのが「婚外子」の相続分差別ですが、2013（平成25）年12月5日、民法の一部改正が成立し、婚外子の相続分が嫡出子の相続分と同等になりました。

(2)配偶者と直系尊属が相続人である場合

* 配偶者3分の2、直系尊属3分の1。直系尊属が複数の場合は均等分割。

(3)配偶者と兄弟姉妹が相続人である場合

- 配偶者4分の3、兄弟姉妹4分の1。兄弟姉妹が複数の場合は均等分割。

注）上記(1)(2)(3)は、1981（昭和56）年1月1日以降の数字です。それ以前の配偶者の法定相続分は、(1)3分の1、(2)2分の1、(3)3分の2です。

したがって、たとえば夫が1980年以前に死亡したが、まだ遺産分割ができていないケースなどでは現行の割合ではありませんので注意が必要です。

(4)兄弟姉妹間の相続の場合

①兄弟姉妹A・B・C・Dがいて、他に相続人がなくてAが死亡した場合、相続人はB・C・Dであり、相続割合は各3分の1です。

②ただし、Bが父母の一方のみを同じくする半血の兄弟姉妹である場合には、全血の兄弟姉妹であるC・Dの相続分の半分です。すなわち、Bが5分の1、C・D各5分の2となります。

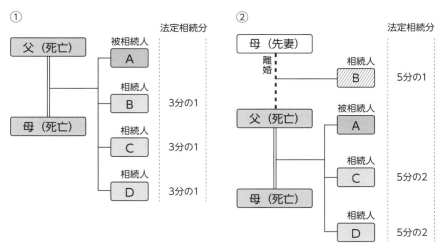

2

19 相続人①
相続人の原則と例外

◯ 原則と例外

物事には原則と例外があります。法律、特に民法には例外が多いのです。例外のそのまた例外なんてものもあります。一つずつ見ていきましょう。

(1)「胎児」

夫が死亡したとき、妻が妊娠していた場合、そのおなかの子には相続権があります。しかし、相続するには生きて生まれなければなりません。死産の場合は相続できません。

では、生まれてすぐに死亡したときはどうなるのでしょう。この場合、いったん生きて生まれたのですから相続権があります。子ですから第1順位です。生まれてすぐに死亡した子を誰が相続するのかはその子を中心にして、第1〜第3順位を考えます。

当然、配偶者も第1順位の子もいませんから、第2順位である直系尊属（母）になります。その子が生きている間に母が死亡したときは、同じく第2順位である祖父母などになります。祖父母など第2順位の相続人がいないときにはじめて第3順位である兄弟姉妹が相続人となります。

(2)「養子」

被相続人の養子には相続権があります。血のつながった実子（嫡出子）

がいたとしても権利・義務はまったく同じです。親子の血のつながりはなくても、市町村役場へ養子縁組の届け出をしていれば法律的に実子と同じ（嫡出子の身分取得）となります。しかも、養子の場合は、養父母と実父母の両方に対する相続権があります（話がややこしくなるので「特別養子縁組」の場合を除きます）。

妻が子連れで再婚した場合、婚姻届を出しただけでは、子は養子にはなりません。連れ子と夫の間で養子縁組をしていれば、連れ子は夫の養子となり、夫が亡くなったとき相続権があります。妻が子連れで婚姻届を出そうとするときは子を夫の養子にするのかしないのか、意思をはっきりさせておかなければなりません。また、子どもが一定の年齢に達していれば、子どもの意思を尊重する必要があります。

妻の連れ子でない養子の場合は、「15歳未満の場合」とか「未成年者」とか、いろいろな規定がありますが、第3章で説明していますので参照してください。

(3)「非嫡出子」

法律上の婚姻関係にない男女の間に生まれた子のことです。この子には、父親が「認知」をしていなければ相続権はありません。

「認知」をしていれば第1順位です。2013（平成25）年12月5日、民法の一部改正が成立し、「婚外子」の相続分が「嫡出子」の相続分と同等になりました。

「認知」していなければ、「法律上の親子」ではありませんから、相続権はありませんので誤解のないようにしてください。

2

相続人②

20 相続人の確定

◯ 相続人の確定……この言葉の普通の使い方

　通常「相続人の確定」とは、相続が発生したとき、「相続人は誰か」ということを調査し確定することを指します。「遺産分割協議」にしろ「遺言相続」「法定相続」にしろ、推定相続人を漏らさず調べなければなりません。たとえば、推定相続人の一人を漏らしてした「遺産分割協議」は基本的には無効です。

◯ 相続人の確定……民法上の本来の意味

【相続欠格】

　共同生活を破壊するような不正行為をした者には相続権は与えられません。民法は、たとえば、「故意に被相続人または相続について先順位もしくは同順位にある者を殺したり、殺そうとして刑に処せられた者」をはじめ5つの理由がある場合には相続権を与えないこととしています。これを「相続欠格」と言います。

　ただし、父に対して相続欠格になった子も、母については影響しません。また、相続欠格者は相続権を失いますが、その子は代襲相続人として相続権があります。

　実際問題として裁判で争われるのは、殺人などよりも被相続人の遺言書の偽造、変造、隠匿などのケースが多いようです。

54

【廃除】

　予定されている相続人（＝「推定相続人」と言います）が、相続欠格ほどではなくても、被相続人を虐待・侮辱した場合などは、「被相続人の意思で」相続権を奪うことができます。これを「廃除」と言います。この場合は、家庭裁判所に請求します。廃除の対象となる相続人は、「遺留分」を有する相続人に限られます。なぜならば、遺留分を有しない相続人の場合は、遺言で相続させないようにすれば足りるからです。

　遺言にその旨が書いてある場合は、遺言執行者が家庭裁判所に請求し、認められれば「廃除」となります。廃除が確定した後に、被相続人の考えが変わった場合は、家庭裁判所に「廃除の取り消し」を請求できます。推定相続人が「廃除」されても、相続欠格のときと同じように、その子は代襲相続人として相続ができます。

○ 相続人がいない場合

　相続人が全員死亡している、相続権のある人が全員相続放棄をしている、相続欠格者の代襲相続人がいない、これらを「相続人不存在」と言います。この場合は利害関係人から家庭裁判所に「相続財産管理人」の選任を請求します。

　ただし、本当に「相続人不存在」かどうかは慎重に判断する必要があります。被相続人の死亡時の戸籍謄本だけでなく、親の戸籍までさかのぼり、兄弟姉妹の有無を確認し、その代襲相続人である甥や姪がいるかどうかを確認しなければなりません。親の戸籍にさかのぼった場合、前婚の子や認知した子がいることもあります。

　　注）遺留分を有する相続人

　　　　遺留分は兄弟姉妹以外の法定相続人に与えられていて、その割合は、直系尊
　　　　属のみが相続人である場合は相続分の3分の1、それ以外の場合は2分の1です
　　　　（民法1028条）。詳しくは第3章（140 ～ 145ページ）を参照してください。

21 代襲相続①
「代襲相続」など

○ 代襲相続

(1)代襲相続とは、被相続人の死亡より前に、相続人となるべき子や兄弟姉妹が死亡して相続権を失ったとき、死亡した人の子が代わって相続することを言います。

　また、相続人となるべき人の死亡だけでなく、「相続欠格」や「相続廃除」の場合も代襲相続となります。

(2)代襲原因は、相続開始前の死亡、相続欠格、相続廃除であり、「相続放棄」は含みません。「相続欠格」「相続廃除」「相続放棄」については別に説明します。なお、相続の開始前に（＝被相続人の生前に）「相続放棄」をすることはできません。

(3)代襲される人は、被相続人の子および兄弟姉妹に限られます。直系尊属（＝父母、祖父母など）、配偶者は被代襲者にはなれません。

(4)代襲相続人となるのは、被代襲者の子、すなわち被相続人の子の子（被相続人の孫）、または被相続人の兄弟姉妹の子（被相続人の甥・姪）です。子の場合には「再代襲」があり、代襲相続人となる孫に代襲相続原因が発生すると、孫の子（ひ孫）が代襲相続人となります。この関係は、子―孫―曽孫―玄孫と理屈の上ではどこまでも続きます。ただし、兄弟姉妹の子には再代襲は認められず、甥・姪までとなります。

(5)被相続人の子が養子で、その養子に縁組前の子がある場合には、その子は養親との間に法定血族関係がなく、直系卑属にあたりませんので

代襲相続権が認められません。縁組後に生まれた子には代襲相続権があります。

○ 本位相続

被相続人に配偶者も子もなく、父母も亡くなっているが祖父母が健在の場合、兄弟姉妹ではなく祖父母が相続人となります。これは代襲相続ではなく、祖父母固有の相続権です。これを「本位相続」と言います。

注意すべきは、父母のいずれかが存命であればその方が相続人であり、祖父母は相続人ではありません。父母の両方が亡くなっている場合にはじめて祖父母が相続人になります。

父の父母と母の父母の合計４人のうち存命の方が等分に相続します。

○ 相続資格の重複

養子縁組や代襲相続が絡むと、「相続資格」が重複することがあります。この場合に、二重の相続資格を認めるべきかどうかという問題があります。これについてはごく簡単に触れることにします。

(1)婚外子を養子にした場合は、養子（＝嫡出子）としての相続資格に限定します。

(2)兄弟姉妹を養子にした場合と孫を養子にした場合には相続資格の重複を認めます。

(3)子の配偶者を養子にした場合、子が死亡したとき戸籍実務では子の配偶者としての相続資格しか認めませんが、子の兄弟姉妹としての資格との重複を認める学説もあります。

代襲相続②

22 「代襲相続人」の相続人
～死亡の順序～

○ 簡単な経過

　あるとき、相続の相談がありました。遠方の親戚から「相続のために署名捺印（実印）してほしい」と、金融機関の「相続手続請求書」を送ってきたとのことです。要点を整理すると以下のようになります。

⑴被相続人は8年ほど前に亡くなり、そのときの相続手続きに不備がありそのままになっていた。このたび改めて手続きを進めようとしている。

⑵依頼してきた親戚の方のことは知っているが、被相続人のことは知らないし、自分とどのような関係なのかもわからない。

⑶「相続手続請求書」のコピーを見せていただくと、被相続人の氏名、生年月日、住所が記載されている。さらに、代表相続人欄に住所、氏名が記入してあり、被相続人との続柄が「甥の長男」となっていた。

○ 早とちり

　8年前に「不備」があったと聞いていたので、瞬間的に「これはだめですよ。甥の長男は相続人ではありません」と言ってしまいました。数日後これが大間違いであることに気づいたのですが、なぜこんな間違いを犯してしまったのでしょうか？

◯ 代襲相続

　代襲相続というのは、相続人が相続開始以前にすでに死亡していたり、あるいは相続欠格や廃除によって相続人資格を失っているときに、その子が代わって相続をするという仕組みです（民法887条2項参照）。代襲相続人もすでに死亡している場合などには、さらにその子が代襲相続人となります。これを「再代襲」と言います（民法887条3項参照）。この関係は理屈の上では、孫→ひ孫→玄孫(やしゃご)と、どこまでも続きます。

◯ 相続人が兄弟姉妹の場合

　相続人が兄弟姉妹の場合も代襲相続はあります。法定相続人である兄弟姉妹が相続開始時にすでに死亡している場合は、その子（甥・姪）が代襲相続人となります。しかし、この場合「再代襲」はありません（民法889条2項は887条3項を準用していません）。甥・姪も死亡しているときはその子には「再代襲」しないのです。これが早とちりの原因でした。

◯ 事実は？

　今回のケースは、甥・姪が相続人でした。したがって、被相続人より先に死亡している甥・姪とその子には相続は発生しません。ところが、被相続人の死亡時には生存していて、その後死亡したという甥・姪が二人あり、当然「代襲相続」が発生しています。そして、その代襲相続人としての「甥」の長男は父親の相続人として、今回の被相続人の相続人となっていたのです。

　このように、相続においては死亡の順序が非常に重要な意味を持ちます。通常「相続関係説明図」を作成しますが、相続関係が複雑な場合は色分けなどの工夫をして視覚的にもわかりやすくすることが大切です。

亡くなった人の戸籍

死亡したら

　死亡届が受理されると、死亡した人は戸籍から「除籍」されます。ただし、死亡した人が筆頭者の場合、他に在籍者がいても筆頭者の「身分事項」は消除されますがその戸籍の筆頭者は死亡した人のままです。

　在籍者全員が、結婚や死亡により「除籍」されると、その戸籍自体が「除籍」され（「消除」と言います）、「戸籍簿」から「除籍簿」に移されます。

行方不明のとき

　生死はわからないが、7年間行方不明という場合、その人の利害関係人（配偶者や相続人など）は、家庭裁判所に「失踪宣告の申立て」ができます。審判で「失踪宣告」が確定すると、その人は「法律上」死んだとみなされ、戸籍から「除籍」されます。

相続人の確認

　亡くなった方を「被相続人」と呼びます。相続する権利のある方を「相続人」と言います。相続人の相続順位は先に説明しました（48～49ページ）。これを戸籍謄本等で証明しなければなりません。

　夫(A)が亡くなって、相続人は妻(W)と子（X、Y）である場合、W、X、Yは戸籍謄本があればよいのですが、Aはそうはいきません。WがいるのでAの死亡はAを筆頭者とする戸籍謄本（Wと同じ）で証明できます。加えて、Aに前婚歴があってX、Y以外に子がいないか、認知した子がいないかどうかを確認しなければなりません。これはAについて、原則として出生までさかのぼって「改製原戸籍謄本」「除籍謄本」などを揃えて確認します。すなわちAの親の戸籍までさかのぼることになります。なかなか大変な作業です。

先祖の墓を誰が継ぐか

田舎に墓がある

田舎に住んでいた両親が相次いで亡くなりました。田舎の寺には先祖の墓があります。兄弟姉妹はみんな遠方に住んでいて、誰も継ぐ自信がありません。こんなときはどうしたらよいでしょう。

祭祀財産と祭祀承継者

墓や仏壇、家系図などは「祭祀財産」といって、相続財産には入らず、財産の相続とは別に承継者を決めます。祭祀を継ぐ人を「祭祀承継者」といい、原則として一人がなります。

祭祀承継者は、被相続人の指定で決まります。遺言書などの文書、または口頭でもかまいません。しかし、父親は何も言っていませんでしたし遺言書もありません。この場合、その地域の慣習に従うことになっています。それもはっきりしない場合は、家庭裁判所の調停や審判で決めてもらいます。

親戚にお願いできないか

祭祀承継者は相続人や親族でなくてもかまいません。田舎に住んでいる親戚に墓の管理をお願いすることも可能ですが、親戚の同意だけでなく、お寺の同意が必要です。宗旨や寺によって違いがありますから、お寺とよく相談してみましょう。

改葬や永代供養など

お墓の引っ越し(「改葬」と言います)や「永代供養」という方法もあります。手続きは地域ごとに多少違いますので、墓のある市町村役場やお寺と相談してください。

いずれにしても、親族でよく話し合って、みんなが納得できる一番よい方法を決めましょう。

2

相続と戸籍①

23 相続人が 兄弟姉妹だけのケース

◯ 第3順位の相続人しかいない

　第3順位の相続人、すなわち兄弟姉妹にしか相続権がない場合は大変です。

⑴亡くなった人（「被相続人」と言います）の全生涯の戸籍を取り寄せて、配偶者も子（孫）もいないことを確定します。

　• 「全生涯の戸籍」ということは、「親の戸籍」までさかのぼることになります。実際問題としては、12歳ぐらいまでさかのぼればOKです。要は「生殖能力」の有無で判断します。

　• これが必要なのは、現在の戸籍より前に婚姻歴がないか、そのときの子がないか、結婚していなくても「認知した子」がいないかなどを確認するためです。

⑵次に、親の戸籍を取り寄せて、親も相続人でないことを確定します。

⑶さらに、亡くなった人の父親と母親の全生涯の戸籍を取り寄せます。これは、「兄弟姉妹」を確定するために必要なのです。

⑷実例では、親が「養子縁組」をしているケースがありました。すると、この養子は「兄弟姉妹」に含まれます。

◯ 実際にあった複雑なケース

⑴被相続人は養子縁組で「養女」になっていたが、結婚はしておらず子

は幼少時に死亡。養父母も義理の姉妹もすべて死亡している。義理の姉妹には子がない。

(2)実親も死亡していて、第3順位の相続人（兄弟姉妹4人）しかいないが、兄弟姉妹もすべて死亡していて、その子（甥・姪）がいる。手続きの途中で、実親が養子縁組していたことが判明。その養子も死亡していてその子（義理の甥・姪）がいる。

(3)義理も含めて、被相続人から見て甥・姪（いとこ同士）19人が相続人です。第3順位の相続人しかいない、しかもすべて「代襲相続」というケースです。相続人の確定にいかに手間暇がかかるかということがおわかりだと思います。

- それだけではありません。これだけ相続人がいると、一人くらい「失踪宣告」（60ページコラム参照）された人や「相続欠格」（54〜55ページ参照）の人がいても不思議ではありません。

- さらに、「存在も知らなかった相続人」や「つき合いもない」、「顔も名前も知らない相続人」がいるわけですから、「遺産分割協議」がスムーズに進まないということも想像に難くないでしょう。当事者同士で解決が困難なときは、家庭裁判所に「遺産分割の調停」を申立て、さらには「審判」に移行することもあります。

○ 遺言を書こう

　第3順位の相続人しかいない場合は、上に書いたように手続きが煩雑になりますし、話がまとまらないことも多々あります。こういうことが予想される方はぜひ「遺言」（それも「公正証書遺言」）を書いておかれることをお勧めします。自分の意思を示すことができますし、無用なトラブルを避けることができるからです。

2

相続と戸籍②

24 相続手続きに必要な戸籍と関係書類

⭕ 相続手続きに必要な戸籍類

　相続手続きの際、被相続人の「除籍謄本」あるいは「戸籍謄本」に加えて「住民票除票」あるいは「戸籍の附票」が必要です。

　被相続人が亡くなって10年以上経ってから相続手続きを始める方もあります。このようなときによく問題が発生します。「住民票除票」も「戸籍の附票」も取得できないケースです。

(1)「住民票除票」も「戸籍の附票」も、原則として死亡から5年たてば廃棄されます。

(2)被相続人が亡くなって10年以上経っていても、その戸籍にどなたか生存している方が記載されていれば通常は「戸籍の附票」を取得できます。

(3)ところが、(2)でもダメな場合があります。被相続人の死亡後、戸籍が「改製」されたときは、被相続人が「戸籍の筆頭者」でない限り、新しい戸籍には被相続人は記載されません。したがって、「戸籍の附票」にも被相続人は記載されません。「筆頭者」である場合も、「筆頭者」である旨が記載されるだけですから意味がありません。

(4)しかし、例外があります。これはあくまでも「例外」であることに注意してください。戸籍が電算化されている、ある自治体に「戸籍の附票が存在しない」ことの証明をもらおうと思って連絡したら「あります」との返事があり、びっくりしたことがあります。

○ なぜ必要か

※以下に書くことは普通知らなくても支障ありません。本人登記をする場合以外は司法書士の仕事に属することだからです。

遺産に不動産が含まれている場合、相続を原因とする「所有権移転登記」をします。そのとき、登記簿上の所有者と死亡した人が同一人物であることを法務局に対して証明することが必要です。

登記簿には所有者の氏名と住所が載っています。亡くなった人の戸籍には、氏名と本籍が載っています。しかし、この二つの書類だけでは、同一人物だとは確定できません。同姓同名の他人である可能性があるからです。通常、住所と本籍は違いますから。そこで、戸籍と登記簿をつなぐ書類として登場するのが「住民票除票」あるいは「戸籍の附票」です。「住民票除票」には死亡時の住所が載っています。住所を何回か変わっている場合は「戸籍の附票」で確認できます。

ということですので、登記簿上の住所と本籍が同じ場合は、例外的に「住民票除票」は不要です。

○ 除票等を取得できない場合

「住民票除票」や「戸籍の附票」が取得できない（発行されない）場合、「上申書」を利用することになります。これは、相続人が法務局に対して事情を説明する文書です。

25 相続財産①
財産目録をつくる

● プラス財産とマイナス財産

　相続財産というと、「プラス財産」だけを考えがちですが、「マイナス財産」もあります。

　「マイナス財産」の代表的なものは「借金」です。これは意外とわかりにくいので、借用証などを確認します。相続を「単純承認」すると、「プラス財産」も「マイナス財産」も相続することになります。被相続人が負債を抱えている場合、連帯保証人になっている場合などは要注意です。

　「マイナス財産」は「法定相続分」で承継することが原則ですので、「プラス財産」とは区別して扱います。「借用書」「住宅ローン」「連帯債務」「保証債務」などに注意してください。

● 相続財産の調査

　これが遺産相続の出発点です。以下のものに注目してください。
(1)土地・家屋の権利証（あるいは登記識別情報通知）、固定資産税の通知書
(2)預貯金通帳
(3)株式などの取引明細書
(4)確定申告書の写しなど
　その他に、故人名義の家具・調度品や電化製品、宝石・貴金属類、自

動車なども相続財産になります。

財産目録の作成

　相続財産の調査ができたらそれを一覧にします。これが「財産目録」です。大層に考える必要はなく、メモ程度の資料でもかまいません。

⑴不動産（土地・家屋）については、法務局（出張所）で「登記簿謄本」（全部事項証明書）を取り、区役所の固定資産税課で「固定資産評価証明書」を取ります。「登記簿謄本」は誰でも取れますが、「固定資産評価証明書」は相続人である証明が必要です。

⑵預貯金は、金融機関に請求して残高証明や取引履歴を入手します。通帳がなくても支店名がわかれば請求可能です。この場合も相続人である証明が必要です。

⑶株式などは、通知書や取引明細書によって証券会社や信託銀行に問い合わせます。

※これらの資料は相続による所有権移転手続きの際にも必要ですから、保管しておきます。これらの調査をする時間がないときや方法がわからないときは司法書士や行政書士に依頼すればよいでしょう。

単独で勝手にやらない

　こうして、「財産目録」を作成しますが、相続人が複数いる場合は、「財産目録」の作成過程を相続人全員が知っていて、その内容に異存がないことが大切です。

　「財産目録」そのものが信用できないという相続人がいると、遺産分割協議がうまく進みません。「相続財産の確定」という前提が崩れるからです。

2

相続財産②

26 相続財産の例外と 契約上の地位の承継

○ 相続財産の範囲

　日本の民法は「包括承継」を原則とします。したがって、相続が開始すると、被相続人の財産に属した「一切の権利義務」は「例外を除き」すべて相続人が承継します。次に「例外」とは何かを考えてみましょう。

○ 相続財産に属さない財産・権利

(1)一身専属権

　被相続人の一身に専属したものは、相続人に承継されません。「一身専属権」とは難しい言葉ですが、本人に固有の権利義務であって、他人がとって代わることのできないもののことです。

　雇用契約による労働債務、扶養請求権・婚姻費用分担請求権、親権などの民法上の権利義務、社会保障上の権利などがあります。

(2)祭祀財産

　家系図、祭具（位牌や仏壇仏具など）、お墓などの「祖先の祭祀のための財産」は、相続とは別のルールで承継されます。これらは、「祭祀主催者」が承継することになっています。

(3)被相続人の死亡によって生じる権利で、被相続人に属さない権利

68

(ア)死亡退職金
(イ)生命保険金 ……ただし例外も存在します。
> ※注意　死亡退職金や生命保険金は、「相続財産ではありません」と書きましたが、「みなし相続財産」とされ、相続税の対象となることがあります。ただし、通常の「相続財産」とは合算されません。法定相続人1人当たり500万円の非課税枠があります。具体的には保険会社などと相談してください。

○ 契約上の地位の承継

契約上の地位は当事者の死亡によって消滅するものが多いのですが、相続人に承継されるものもあります。

(ア)代理権、定期贈与、使用貸借、委任、組合などは承継されません。
(イ)使用貸借は借主の死亡によってその効力を失いますが、例外もあります。
(ウ)「土地・家屋の賃借権」は、「財産権」として相続の対象となります。したがって、借主の地位は相続人に承継されます。

○ その他

「連帯債務」「保証債務」については専門的になりますので、問題があれば弁護士にご相談ください。

2

相続財産③

27 生命保険金は相続財産 ではないが要注意

　前項で「相続財産に属さない財産・権利」として、生命保険金について説明しましたが、もう少し詳しく見ておきましょう。

○ 生命保険金

　受取人が妻や子など「相続人中の特定の者」である場合には、保険契約に基づいて取得するものであり、相続財産とはなりません。

　また、受取人を「相続人」としている場合も、保険契約に基づく相続人固有の財産とされます。この場合、相続人は法定相続分の割合によって保険金請求権を取得します。

※注意　契約者（保険料の負担者）・受取人が誰か、非課税枠を超えているときの扱いはどうかなど、場合によって扱いが変わりますので、具体的には保険会社などと相談してください。

　生命保険の場合、契約者・被保険者・受取人の関係によって、相続税、所得税、贈与税と扱いが変わります。保険金額が大きい場合は大きな違いが発生することがありますので保険契約の際に、FP（ファイナンシャルプランナー）や保険会社とよく相談しておくことが大切です。

(1)死亡保険金の課税関係

ケース	保険料の負担者	被保険者	保険金受取人	税金の種類
1	B	A	B	所得税
2	A	A	B	相続税
3	B	A	C	贈与税

※被保険者Aが死亡したものとする。

(2)被保険者死後の保険金受取人の変更

①これは一般的には「できない」とされています。しかし、これにも例外があります。

②(1)の「ケース2」の場合

　1)夫（A）が独身時代から、契約者（保険料の負担者）、被保険者で、保険金受取人はAの母（B）とする保険契約をしていた。

　2)その後Aは結婚した（妻D）が、保険契約はそのままにしていた。後日Aが死亡した。

　3)この場合、通常保険金受取人はBである。

　　• 子どももいるため、BはDにこの保険金を受け取るように言ってくれた。保険金受取人であるBからDへの贈与となって、贈与税がかかるのではないか？

　4)契約上の保険金受取人以外の人が現実に保険金を取得しており、なおかつその人が保険金を受け取る相当の理由がある場合は、契約上の受取人ではなく現実に受け取った人を保険金受取人とします。

　　　夫（A）の独身時代の契約であり、結婚や子の出生を機に受取人を妻（D）に変更すべきところを忘れたまま亡くなってしまったと考えられます。このようなやむを得ない理由がある場合は、Dを保険金受取人と考え、贈与にはなりません。

（相続税基本通達　3-12　保険金受取人の実質判定）

※これは概要であり、実際にこのような手続きが発生した場合は、税理士あるいは税務署に相談してください。

28 相続財産④
相続財産の評価

○ 実勢価格

　相続税の基礎となる財産評価は、相続により財産を取得した時点のものとなりますが、遺産分割の際の財産評価は、分割時点の「実勢価格」で評価します。ただ、実際に売買するわけではないので、実勢価格の設定は難しくなります。実勢価格とは、仮にそのときに売買すればいくらになるかという価格のことを指します。

○ 土地の評価

　土地の実勢価格を厳密に評価しようとすると、不動産鑑定士の正式な鑑定が必要になりますし、費用もかさみます。実際問題としては、相続人間で合意があれば厳密に実勢価格を算定しなくてもかまいません。

　たとえば、複数の不動産業者の近隣地域の査定や固定資産評価額を参考にして評価するなど、柔軟に考えればよいでしょう。

○ 相続税の場合の評価は？

　相続税の基礎となる財産評価は相続財産の評価と基準が違い、土地の場合は「路線価」が基準となります。

　財産を相続した人すべてが、相続税を課されるわけでもありません。

相続税には基礎控除をはじめ、さまざまな控除がありますから、平均的なサラリーマンなどでは非課税になる場合が多いのです。

○ 法改正に注意を

でも、法改正されましたので、安心してはいけません。2015（平成27）年1月1日以降の相続発生（すなわち、被相続人の死亡）では基礎控除は3,000万円＋相続人1人につき600万円を加えた額となり、それまでの60%に引き下げられました。「特例」も変わりました。大雑把に計算してみて、「課税」の可能性がある場合は税理士に相談し、必要な場合は正確に計算してもらいましょう。

○ 平成26年中に相続が発生していた場合

2014（平成26）年12月31日までに相続が発生（すなわち被相続人が死亡）した場合は、基礎控除は5,000万円＋相続人1人につき1,000万円を加えた額になります。他に「小規模宅地の特例」や「配偶者の税額軽減」など、さまざまな控除制度がありますので、平均的なサラリーマンの場合はあまり相続税の心配をする必要はありません。実際に相続税がかかるケースは100人中4～5人程度というのが実情です。

これは法改正にかかわらず、2014（平成26）年12月31日までに相続が発生（すなわち被相続人が死亡）した場合、相続手続きが翌年以降になっても適用されます。

○ その他

その他、自動車や骨董品、個人年金、ゴルフ会員権などさまざまな相続財産があり得ますが、これらはその都度必要に応じて調べればよいでしょう。

2

遺産分割①

29 遺産分割の方法
～遺産分割協議～

◯ 遺産分割協議と遺産分割協議書

　「誰が」「何を」「どれだけ」相続するのかを具体的に決める話し合いが「遺産分割協議」です。推定相続人の全員参加が条件で、一人でも欠ければ法律上無効です。相続人全員の意見が一致すれば、法定相続や遺言と違う割合や方法で相続してもまったく問題ありません（40～41ページ参照）。合意に達したら「遺産分割協議書」を作成します。これは相続人が作成し、相続人全員が署名して実印を捺せばOKです。

　しかし、実際には「相続財産の確定」や「相続人の確定」が必要で、必要なことを漏れなく正確に書かなければなりません。必要な添付書類（固定資産評価証明書、戸籍謄本類、住民票、印鑑証明など）も漏れなく集めなければなりません。不備があれば、地方法務局や金融機関は受け付けません。訂正や補充には手間暇がかかります。多少費用がかかりますが、通常は専門家に依頼する方が確実でしょう。

　協議が調わないとき、遺産分割は家庭裁判所の調停および審判で行われます。

◯ 遺産分割の基準

　民法は「遺産分割の基準」を次のように定めています。

民法906条 遺産の分割は、遺産に属する物又は権利の種類及び性質、各相続人の年齢、職業、心身の状態及び生活の状況その他一切の事情を考慮してこれをする。

　たとえば、年少・高齢や病気・障害のために生活が困難な者への配慮、住居確保の必要性、農業・自営業の継続などが考慮されるべきだとされます。この規定が本当に生かされていれば、相続をめぐる争いはずいぶん少なくなると思われます。

○ 遺産分割の方法

　被相続人Aの相続人は配偶者W、子X・Yの3人で、遺産が6,500万円相当の自宅（土地・建物）、1,500万円相当の株式、1,000万円の銀行預金、700万円のゆうちょ銀行の貯金、300万円の現金であり、X・Yはすでに独立していて、Wに独自の資産はなく、WはAと一緒に自宅に住んでいたとします。

　これを「法定相続分」にしたがって分割しようとすると無理があります。このようなときに次の3つの方法がありますが、このケースの場合はいずれも難しそうです。

　⑴**現物分割**……現物をそのまま配分する

　⑵**換価分割**……現物（例では自宅）を売却し、その代金を配分する

　⑶**代償分割**……現物を特定の者が取得し、他の相続人にそれぞれの相続分に応じた金銭を支払う

　この例の場合、遺言があると話はガラリと変わります。たとえば土地と建物はWに、株式と現金はXに、預貯金はYに、と指定できます（遺留分に注意。第3章参照）。

　また、X・Yには十分な資産があり、母親であるWの今後の生活を考慮して遺産はすべてWが取得し、X・Yは何も取得しないと相続人全員で合意できれば、遺言で指定された内容と異なった遺産分割も可能です。

2

30 遺産分割②
特別受益と寄与分

　これらが問題になるのはたいてい「もめている」場合ですので、実際に問題になった場合は、弁護士に依頼するのが賢明でしょう。

○ 具体的相続分

　共同相続人の中に、被相続人から「生前贈与」を受けていたり、「遺贈」を受ける方がいる場合があります。「遺産分割」の際にこれらの事情を考慮しないと共同相続人間に不公平が生まれます。

　この問題を解消するのが「具体的相続分」という考え方です。この際、「特別受益」「寄与分」を考慮します。これは、共同相続人間の公平を図ることを目的としますが、実際問題としては算定がなかなか難しいという問題があります。

○ 特別受益

　特別受益には以下に挙げるようなものがあります。

(1)**遺贈**

(2)**生前贈与**……「婚姻・養子縁組のため、もしくは生計の資本としてなされた贈与」が「特別受益財産」となりますが、通常の結納金や挙式費用は含まれません。

(3)**高等教育費用**

⑷**債務の支払い**……親が子の借金の肩代わりをしてその返済を求めてい
ない場合などです。

⑸**土地・建物の無償使用**

⑹**生命保険金**……生命保険金は相続財産ではありません。しかし、受取
人である相続人とその他の相続人との間に生ずる不公平が著しく大き
い場合には「特別受益」に準じて扱うことがあります。

○ 寄与分

「寄与分」とは、早い話が「特別受益」とは逆に、相続人が被相続人
の財産の「維持または増加」について「特別の寄与」をした場合に認め
られるものです。

寄与分は具体的な相続分算定のための修正要素ですから、「寄与分」
が認められるのは「相続人」に限られます。相続人でない者、たとえば「長
男の妻」は、いくら寄与があっても除外されます。

家庭裁判所への寄与分の審判申立て件数は少なく、認定率も低いのが
実態です。

○ 遺言による指定

ただし、被相続人の「遺言」があれば話は変わってきます。遺言によっ
て相続分の指定、遺産分割方法の指定、遺贈が可能になります。「寄与」
に報いようと思うのであれば「遺言」を書いておくことです。しかも、
この場合の「遺贈」は「相続人」でない方にも有効です。先に書いた「長
男の妻」にとてもよくしてもらったのでなんとか報いたい、ということ
が「遺言」で可能になるということです。

遺産分割③

31 遺産分割協議がまとまらないときは調停・審判へ

◯ 家庭裁判所にSOS

　遺産分割協議を繰り返しても意見がまとまらない、協議そのものができない、といったこともあります。このようなときは、家庭裁判所に「遺産分割の調停」の申立てができます。意見が対立する相手方の住所を管轄する家庭裁判所に「遺産分割調停申立書」を提出します。

　「裁判所」というと「敷居が高い」「行きたくもない」と思う方も多いようですが、家庭裁判所は地方裁判所等とはまったく雰囲気が違います。論より証拠、一度家庭裁判所をのぞいてみませんか。きっと安心されると思います。

　手続きの詳細は省略しますが、照会書で、相続人の範囲・相続財産を確認し、相続に関してどのような要望があるかを尋ねられます。そして、何回か話し合いを重ねて解決をはかり、最終的に合意に至れば、「調停調書」を作成します。調停調書は裁判の確定判決と同じ効力があります。この調書をもとに、不動産登記や預貯金の名義変更、解約を行うことができます。

◯ 不調のときは審判に移行

　調停の話し合いを繰り返しても合意に至らないこともあります。これを「不調」と言い、この場合は自動的に「審判」に移行します。

審判では、「家事審判官」（裁判官です）が職権で遺産内容や相続人の年齢、職業、生活状況などすべての事情を考慮し、そのための証拠調べなどを行い、最終的に審判を行います。審判には強制力がありますから、それにしたがって相続財産を分割します。この審判に不服があるときはさらに高等裁判所で争うことも可能です。

○ 寄与分など

相続人の中には、故人に特別に尽くした人がいるケースがあります。このような人には、他の貢献していない人と同じ相続分では不公平です。そこで民法は、相続人間の実質的公平を図るために「寄与分制度」を設けています。この特別な寄与を認めるか、また、その寄与分の額をいくらにするかは、共同相続人による「遺産分割協議」で決めます。

これが問題なのです。理屈はわかりますが、実際問題としてはなかなか難しいし、まとまりにくいのです。「遺産分割協議」がまとまらない一つの原因です。こんなときに、特別寄与者が家庭裁判所に「調停」を申し立てればよいのです。

※相続でもめたとき、あるいはもめそうなとき、こんな制度があることを思い出していただければよいと思います。「家庭裁判所にSOS」と覚えてください。

○ 遺言を書こう

上に書いたようなことを避けるためにも「遺言」が役に立ちます。日本では遺言を残す人はまだまだ少数派のようですが、死後に「自分の意思」を反映させるためにも、相続人に無駄な労力をかけさせないためにも「遺言」を書きましょう。

2

32 相続の選択
相続の３つの選択肢

◯ 相続選択の自由と熟慮期間

　民法は、相続開始により被相続人の財産は包括的に相続人に承継されるという「包括承継主義」をとりながら、他方で「単純承認」「相続放棄」「限定承認」のいずれかを選択できるようにして、相続の「選択の自由」を保障しています。結論的に言えば「相続する権利はあっても義務はない」のです。相続するかしないかは相続人の判断で決めることができます。

　とはいえ、いつまでも選択しないと権利が確定しませんから、民法は「３か月」の「熟慮期間」を設けています。これは「自己のために相続の開始があったことを知った時」から起算して「３か月」です。「相続の開始から」ではありません。

◯ 単純承認

　相続開始後何もしなければ自動的に「単純承認」となり、被相続人の権利義務をすべて承継します。ただし、次の場合は「単純相続」とみなされることがあります。

1）相続人が相続財産の全部または一部を処分した場合
2）「熟慮期間」内に限定承認、相続放棄をしなかった場合
3）相続人が相続放棄または限定承認後に、相続財産の一部を隠したり私的使用した場合

※なお、経済的に重要性のない「形見分け」、社会的に見て相当な範囲内の「葬儀費用」、仏壇や墓石の購入のために被相続人名義の預金を解約するなどの行為は、相続財産の処分には当たりません。

○ 限定承認

限定承認は、相続財産が最終的にプラスかマイナスかわからないときに、相続財産の限りで清算し、もしプラスになれば相続することを可能にする方法です。これは相続人全員が共同でしなければならず、一人でも単純承認を主張する相続人がいるとできません。ただし相続放棄をする人がいる場合は、その人を除きます。

限定承認はあまり出合わないケースです。必要なときは弁護士などに相談すべきでしょう。

○ 相続放棄

相続放棄は、債務超過が明らかな場合や農家で農地の分散を避ける場合などに使う方法で、読んで字のごとく「相続しない」ことです。

「相続放棄」するには「熟慮期間」内に家庭裁判所に「相続放棄申述書」を提出します。これによって「はじめから相続人でなかった」ことになります。この場合「代襲相続」も発生しないため、相続関係（相続人や遺産分割割合）に影響します。

「遺産分割協議」で特定の人が取得分をゼロにすれば結果は同じに見えますが、手続きや相続関係に及ぼす影響が違います（次項参照）から、事情によって使い分ける必要があります。またこの場合、「相続債務」は承継することに注意が必要です。

なお、相続放棄をしても、被相続人の社会的地位に応じた葬儀費用を相続財産の中から支出することは許されます。

81

2

相続放棄①

33 相続放棄は他の相続人に影響する

◯ 熟慮期間の延長等

相続財産の調査のために「熟慮期間の延長」が必要であれば、家庭裁判所に申し立てることによって延長することができます。

相続人が承認または放棄をしない間に死亡したときには、その者の相続人が前相続人の承認・放棄の権利を承継します。この場合の熟慮期間は、後の相続人が自己のために相続の開始を知ったときから起算します。

◯ 相続放棄

相続放棄をする場合、注意すべきは、「他の推定相続人」に影響を与えるということです。

たとえば、第1順位の相続人が一人だけであり、その人が「相続放棄」すると、相続権は第2順位の人に移ります。プラスの影響もマイナスの影響もあり得ますから、「相続放棄」を考えたときは弁護士などに相談されることをお勧めします。

なお、念のために言いますと、相続の発生（＝被相続人の死亡）前に相続放棄することはできません。

○ 事実上の相続放棄

　よく「私は相続放棄します」とおっしゃる方があります。ところがよく聞いてみると、上に書いたような法的効果を持つ「相続放棄」ではなく、単に「相続財産は要りません」という意味であることが多いのです。「事実上の相続放棄」は、「遺産分割協議」でできます。

　複数の相続人がいて、相続財産を特定の相続人に全部取得させるという合意ができた場合、家庭裁判所に「相続放棄」の申述をする必要はありません。「遺産分割協議書」にその旨を書けば大丈夫です。

　ただし、「相続債務」（＝被相続人の借金など）がある場合は要注意です。遺産は取得しなくても債務は別扱いであり、相続分に応じて承継することになっているからです。

○ 承認・放棄の取消

　相続について、「単純承認」や「相続放棄」をすると、熟慮期間内であっても撤回することはできません。ただし、民法の一般規定に基づいて取り消すことができる場合があります。

○ 天涯孤独

　ただ、「生涯独身」という方が増えていますので、少しだけ補足しておきます。相続人は、配偶者、子（養子を含む）、孫、父母、祖父母、兄弟姉妹、甥・姪とかなり範囲が広いので、「相続人がいない」ことは少ないのですが、ないことはありません。私の経験でも一人いらっしゃいました。生涯独身で（したがって子もいない）、東京大空襲によって親きょうだいはすべて亡くなっているという方でした。

　こんな場合は、「遺言」を書いておくことによって、面倒な手続きを避けることができます。

2

相続放棄②

34 相続分をゼロにする

○ 相続放棄をしたい

　稲本芳子さんは弟である山下陽介さんと2人きょうだいです。父は7年前に亡くなり相続手続きは終わっています。5年前に母が亡くなりましたが相続手続きができていません。母の遺産は母名義の土地・建物と預金が少々です。

　芳子さんには自分の家があるので母の遺産は弟に全部譲るつもりでしたが、なかなか相談する時間が取れず、このたび「相続放棄」をしたら母の遺産はすべて弟が相続することになるのではないかと考えました。

○ 熟慮期間

　相続の承認または放棄をすべき期間は「相続の開始を知った時から3か月以内」と決められています（民法915条）。ただし、事情によっては延長できる場合もあります。これを「熟慮期間」と言います。いずれにしても、芳子さんの場合はもう「相続放棄」はできません。

○ 法定相続分

　お母さんの相続人は、芳子さんと弟の陽介さんです。芳子さんは「相続放棄ができないと母の遺産は弟と2分の1ずつ分けることになるのか

な」と考えました。2分の1というのは「法定相続分」のことであり、必ずしもそのとおりに分ける必要はありません。

○ 遺産分割協議

　相続人全員が話し合って（今回の場合は芳子さんと陽介さん）、納得すれば、法定相続分と違う分け方をしても一向に差し支えありません。この話し合いのことを「遺産分割協議」と言います。合意した内容（芳子さんの相続分はゼロにする）を文書にします。この文書を「遺産分割協議書」と言います。遺産分割協議には期限がありませんからお母さんが亡くなって5年経っていても大丈夫です。

　世間では、よく「私は相続放棄します」と言う方がいらっしゃいますが、法的な意味での「相続放棄」ではなく、「相続分をゼロにする」という、事実上の「相続放棄」であることが多いのです。先に触れましたが、この両者は法的な意味と効果が違いますので注意が必要です。

○ 数次相続

　相続は時間がたつと複雑になります。万一、芳子さんや陽介さんが亡くなった場合、それぞれのお子さんが、さらに相続する「数次相続」となり、遺産分割の手続きが煩雑になります。相続手続きはできるだけ早く済ませたほうがいいでしょう。

○ 登記など

　不動産の名義変更が必要ですが、「遺産分割協議書」に「戸籍謄本」「住民票」「印鑑証明書」などの添付書類が必要です。相続人が自分でやることも可能ですが、専門的な知識が必要ですので司法書士に依頼するのが普通でしょう。

2 相続放棄③

35 ある日突然、請求書が……

○ 相続放棄

　相続放棄をする場合、注意すべきは、「他の相続権者」に影響を与えるということです。

　たとえば、第1順位の相続人が一人だけであり、その人が「相続放棄」すると、相続権は第2順位の人に移ります。プラスの影響もマイナスの影響もあり得ますから、「相続放棄」を考えたときは専門家に相談されることをお勧めします。

　先に、相続放棄について上のように書きました（82ページ）。これはこれで正しいのですが、あまり親切な記述ではないと気づきました。

○ ある日突然、請求書が

　ある日突然、亡くなった叔父の債権者と名乗る会社から「請求書」が届き、受け取った女性はびっくりしました。叔父には妻子がいるにもかかわらず「相続人として支払え」という文面だったからです。

　こういうことが起こった事情は以下のとおりだと考えられます。

　㋐叔父の妻子が、家裁に「相続放棄」の手続きをした。

　㋑第2順位の相続人（叔父の親）がいなかったので、第3順位の相続人（叔父の兄弟姉妹）に請求すべきところ、その方々も亡くなっていたので、兄弟姉妹の子が相続人になってしまった。

86

（ｳ）その結果、姪である方に「相続人」として請求書が届いた。

◯ よくある

　上のような事例は珍しくないのです。相続に関する知識が不十分なために、悪意はないけれども親族に連絡しないまま相続放棄をして、結果的に該当の親族を慌てさせることになります。事前に、叔父の妻子から連絡をもらっていれば慌てることなく手続きを進めることができたのです。相続放棄をする場合は、関係親族への連絡を忘れないようにしたいものです。

　と言っても、実際には気づかないこともあります。その意味で、「相続放棄」を考えたときは専門家に相談されることをお勧めします、と述べたのです。

◯ 大丈夫です

　相続には「熟慮期間」というものが設けられています。「熟慮期間」は「3か月」ということは比較的よく知られています。民法は「熟慮期間」について、「自己のために相続の開始があったことを知った時」から起算して「3か月」としています。「相続の開始から3か月」ではありません。

　したがって今回のケースでは、「請求書」が届いたときから起算できると考えられます。姪御さんの「相続放棄」の手続きには十分な時間があります。

　今回は大事には至りませんでしたが「相続放棄」するとこんなことも起こり得るので、慎重に考え、できれば弁護士、行政書士などの専門家と相談されることをお勧めします。

※相続放棄を考えたときは、親族への連絡と専門家への相談をお忘れなく！

2

相続放棄④

36 熟慮期間経過後や遺産分割後にわかった債務

前項で「大丈夫です」と書きましたが、安心してはいけません。

○ 熟慮期間を過ぎてしまったとき

　民法は「熟慮期間」について、「自己のために相続の開始があったことを知った時」から起算して「3か月」としています。「相続の開始から3か月」ではありません。しかし、「相続の開始を知った時」から3か月以上経っている場合はどうなるのでしょうか（参考：民法915条1項）。

　最高裁は、1984（昭和59）年4月27日の小法廷判決で「例外」を認めています。「例外」の条件は以下のとおりで、これを満たす場合は3か月の期限のスタートを負債発覚時からでよいとしているのです。

　㋐故人に財産（負債）がまったくないと信じ、

　㋑（負債を）調べることが困難な状況があり、

　㋒（負債が）ないと信じたことに相当な理由があるとき。

○ 家庭裁判所

　家裁の相続放棄の審判でも、上記の最高裁判決なども踏まえて柔軟に対応しています。したがって、相続の発生を知ってから3か月を過ぎていても相続放棄を認めてもらえる可能性があります。

　ただし、相続放棄はあくまで自己申告（家裁に相続放棄の申述をする）

88

ですので、通常の期限を超えている場合は、相続放棄に詳しい弁護士に相談して、しっかりと準備されることをお勧めします。

◯ 遺産分割をした後

　故人に負債（借金）があるのを知らずに遺産分割をしてしまった後に債権者から請求書（督促状）が届いた場合はどうでしょうか。

　相続を放棄するということは、借金だけでなく財産も引き継がないということです。すでに遺産分割をして財産を分け合っている場合は「相続した」ものとして扱われ（民法921条1項）、あとから相続放棄をすることは原則としてできません。

　家裁は遺産を受け取った相続人の相続放棄はなかなか認めないのが現状です。したがって、借金のおそれがある場合は必ずその有無を調べてから遺産分割をしなければなりません。調べた結果、プラスの財産より借金の方が多い場合は遺産分割をせず、「相続放棄」をする必要があります。

　相続財産の調査に時間がかかるときは、家裁に請求して「熟慮期間の延長」をすることが可能です（民法915条1項）。

　いずれにしても、遺産分割後に負債が判明したときは複雑な手続きになりますし、「相続放棄」が認められるかどうかは、状況によって難しい判断になりますので、相続問題に詳しい弁護士に相談されることをお勧めします。

2

代償分割

37 相続する代わりに 自分の財産を譲る場合

ケース

母W：88歳、体調が悪く、いつ相続が発生してもおかしくない状況。
財産は自宅の土地、建物（3,000万円相当）。

推定相続人：姉X、Wと同居して世話をしている。別に1,200万円で中古住宅を購入し所有。

推定相続人：弟Y、事業に失敗して家を手放し、X所有の家に居住。Xはいずれその住宅をYに譲りたいと思っている。

○ 遺産分割の方法

Wの相続が発生した場合、相続税の基礎控除は4,200万円（3,000万円＋600万円×2）です。Wには自宅以外に財産がないので、相続税は発生せず、申告の必要もありません。

X、Yの間で、相続が発生した場合Wの土地、建物はXが相続し住み続ける、という内容の合意ができています。

そうであれば、XがWの土地、建物を相続し、代わりにX名義の中古住宅をYにあげるという選択はどうでしょうか。XからYへの贈与となり贈与税が課税されるのではないかとの心配がありますが、このような遺産分割方法を「代償分割」といい、贈与税の対象とはなりません。

○ 代償分割とは

相続財産を相続人の間で分割しないで、特定の相続人が不動産などの特定の財産を相続し、その代わりに自分の財産を他の相続人に与えるという分割方法を「代償分割」と言います。

相続財産をどのように分割するかは相続人の自由です。上記の合意内容で「遺産分割協議書」を作ります。ただ、「贈与」と判断されないように専門家に相談して手続きを進めるほうが安心でしょう（行政書士、司法書士、弁護士等）。

○ 譲渡所得税

X所有の中古住宅は買ったときより値下がりしているようです。代償財産が不動産である場合、その不動産を時価で譲渡したものと扱われます。代償分割のときの時価がいくらかで譲渡所得税がかかるかどうかが決まります。相続時の時価が、取得費（土地は購入した価額、建物は減価償却後の価額）や仲介手数料等の譲渡費用の合計以下なら税金はかかりません。逆に譲渡益が出た場合はXに譲渡所得税がかかります。必要なら税理士に相談してください。

○ 不動産取得税

相続で不動産を取得したXには登録免許税（0.4%）はかかりますが、不動産取得税はかかりません。Yは代償財産として不動産を時価で取得したことになり、登録免許税と不動産取得税がかかります。道府県税事務所に確認してください。Yにかかる登録免許税は相続の場合と違って2.0%となります。

2

半血の兄弟姉妹①

38 父母の片方だけが 同じ兄弟姉妹

○ 婚外子の相続差別撤廃

2013（平成25）年9月4日、最高裁大法廷は全員一致で、婚外子（法律上は「嫡出でない子」）の相続差別を「違憲」とする決定を出し、それを受けて民法の一部改正が成立し、婚外子の相続分が嫡出子の相続分と同等になりました。

民法900条4号ただし書き

民法900条4号　子、直系尊属又は兄弟姉妹が数人あるときは、各自の相続分は、相等しいものとする。ただし、嫡出でない子の相続分は、嫡出である子の相続分の2分の1とし、父母の一方のみを同じくする兄弟姉妹の相続分は、父母の双方を同じくする兄弟姉妹の相続分の2分の1とする。

民法900条4号のただし書のうち、上のアンダーライン（＿）の部分が削除され、嫡出子と婚外子の相続分が同等であることが民法上も明確になりました（公布・施行は12月11日）。

婚外子のみの場合

　この場合、当然の前提とされているのは嫡出子と婚外子の両方がいるということです。したがって、民法改正前も「婚外子だけしかいない」場合は「2分の1」ということは問題にはなりませんでした。

もう一つのただし書き

　では、残ったもう一つの「ただし書」はどういう意味なのでしょうか？
　民法900条4号の表現を借りますと、「父母の双方を同じくする兄弟姉妹」に対して「父母の一方のみを同じくする兄弟姉妹」のことを俗に「半血の兄弟姉妹」と言います。

親子間の相続では問題外

　Aには前妻Wとの間に子Xがいました。その後AはWと離婚、Pと再婚し、子Y、Zをもうけました。Pが先に死亡し、その後Aが死亡して相続が発生しました。
　この場合、法定相続分はどうなるでしょうか？

- 配偶者Pがすでに死亡し、子がいるので相続人は子X、Y、Zです。

　XとY、Zは母親が違いますが、被相続人Aとの関係ではいずれも子であり、「半血」の問題は発生しません。仮に、WあるいはPが被相続人である場合は、養子縁組をしていなければ、XはWの相続人ですが、Y、ZはWの相続人ではなく、Y、ZはPの相続人ですが、XはPの相続人ではありません。

- すなわち、親子間の相続では「半血」は問題となりません。

2 親子間の場合

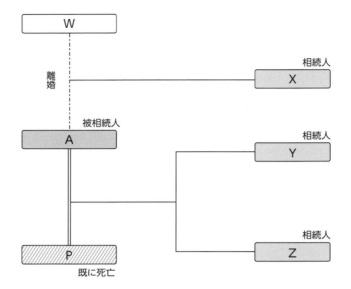

➡ Y・Zは「全血」の兄弟
➡ Xから見れば、Y・Zは「半血」の兄弟
➡ Y・ZからみればXは「半血」の兄弟
＝ 被相続人Aの相続人としては、X・Y・Zは同等

● 養子縁組していなければ、
①XはPの相続人ではない。
②Y・ZはWの相続人ではない。

◯ 兄弟姉妹間の相続で「半血」が問題に

　この例で、A、W、Pはいずれもすでに死亡している（A、W、Pの各両親もすでに死亡している）。子X、Y、Zはいずれも配偶者・子はいないという状況でYが死亡し相続が発生したとします。この場合、法定相続分はどうなるでしょうか？

- 配偶者も第1順位・第2順位の相続人もいませんので、第3順位である兄弟姉妹が相続人というケースです。被相続人はY、相続人はX、Zです。
- ZはYと父母の双方を同じくする兄弟姉妹ですが、XはYと父のみを同じくする兄弟姉妹、いわゆる「半血」の兄弟姉妹です。したがって法定相続分は、X：3分の1、Z：3分の2となります。
- すなわち、兄弟姉妹間の相続の場合に「半血」か否かが問題となるわけです。

兄弟姉妹間の場合

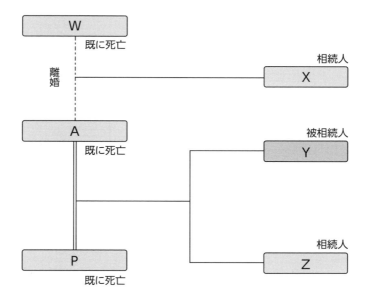

- 被相続人Yから見て、
①Xは「半血」の兄弟
②Zは「全血」の兄弟

- 民法900条4号ただし書により、
①Xの法定相続分は3分の1
②Zの法定相続分は3分の2

2

39 半血の兄弟姉妹②
「笑う相続人」

○ こんな例も

(1)地域包括支援センターの職員が、最近甲氏（一人暮らし）の顔を見な
いということで訪問し、自宅で亡くなっているのを見つけました。警
察が検視を行い、相続人を調査しましたが見つかりませんでした。

　近隣の市に甲氏のいとこである乙氏がいることがわかり、乙氏に遺体
の引き取りと火葬を依頼しました。甲氏には遺産として自宅不動産と
預貯金がありましたが、乙氏は相続人ではないので遺産の処分はでき
ません。立替えた費用も年金暮らしの乙氏には重荷でした。

(2)甲氏は５人兄弟でしたが、いずれもすでに死亡し、配偶者・子はいま
せんでした。

　さらに調べると甲氏には異母姉が一人いました。この異母姉が甲氏の
「半血」の兄弟姉妹です。この方もすでに死亡し、唯一生存している子
（丙）がいました。すなわち、甲氏の異母姉の子＝甥であり、唯一の相
続人です。甲氏、乙氏とも丙氏と面識はありませんでしたが、相続人が
一人のみの場合は全血も半血もなく、丙氏が遺産をすべて相続すること
になります。こうして、丙氏がすべての遺産を相続し、乙氏に立替え費
用の返還となにがしかのお礼をしてこの相続問題は一件落着となりまし
た。

　丙氏のような場合を、「棚ぼた相続」とか「笑う相続人」と呼ぶこと
があります。

相続関係説明図

※相続関係にない人物は大胆に省略

相続

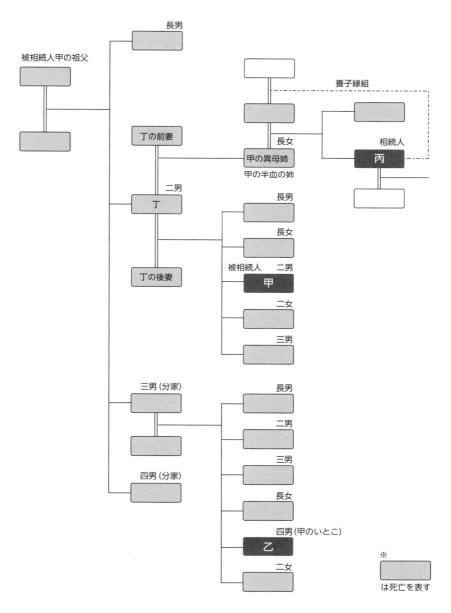

※ は死亡を表す

2

祖父母と養子縁組

40 私は祖父母の養子ですが…

⭕ 伯父の遺産を相続できる？

S子：先月、伯父が亡くなりました。私の母の兄です。相続はどうなりますか？

A　：伯父さんには妻や子はいますか？

S子：いません。

A　：伯父さんに兄弟はいますか？

S子：私の母、弟、妹がいます。両親はすでに亡くなっています。

A　：伯父さんが亡くなり、両親や妻、子どもがいない場合、相続人は伯父さんの兄弟になります。

⭕ 姪であると同時に兄弟

S子：私は母が離婚したとき、母の親である祖父母と養子縁組をしています。

A　：あなたは祖父母と養子縁組していますので、民法727条により、祖父母の実子と同じ扱いになり、伯父さんの兄弟として相続人になります。法的には、あなたは伯父さんの姪であると同時に兄弟です。伯父さんの相続人は、あなたのお母さん、お母さんの弟さん、妹さんとあなたの4人です。法定相続分は4人とも同じです。

◯ 後見人と利益相反

S子：母は認知症です。

A　：お母さんが認知症で判断能力がない場合、遺産分割協議などの法律行為や財産管理ができないので、後見人をつけることになります。

S子：私が後見人になれますか？

A　：あなたはお母さんの成年後見人になれます。しかし、あなたは伯父さんの相続人であり、同じ相続人であるお母さんと利害が対立する関係です。これを「利益相反」と言います。そのような場合、遺産分割協議をすることはできません。遺産分割協議をするには、被後見人であるお母さんのために家庭裁判所に申し立てて「特別代理人」を選任してもらわなければなりません。

　　　他の方法としては、相続人ではない方（たとえば、司法書士などの専門職）がお母さんの後見人になれば、お母さんの代理人として遺産分割協議に参加することができます。

◯ 遺産分割するには

S子：母の弟は伯父の後見人でした。遺産分割は叔父がやってくれますか？

A　：伯父さんが亡くなった時点で、叔父さんは後見人でなくなります。叔父さんは後見人として伯父さんの財産を把握しているので、相続人に明らかにしなくてはなりません。

S子：遺産分割するにはどうすればいいですか？

A　：相続人間で遺産分割について協議し、協議書を作成する必要があります。お母さんの代わりに特別代理人（場合によっては後見人）が協議に参加します。もし協議が調わないときは家庭裁判所に調停を申立てることになります。

2

41

兄弟姉妹と養子縁組

峰子さんは姉の養女

● ある日の相談

　相談者は山田峰子さん、75歳。最近、一番上の姉が亡くなり葬儀などは済ませたが、あと何をしたらよいかわからないということでご主人と一緒に相談に来られました。故人は中村静枝さん87歳。生涯独身で子はなく、親から相続した自宅に住み、同じく相続した貸家とコインパーキング（3台分）からの収入と年金で暮らしておられました。

　10数年前に、山田峰子さんを養女とする養子縁組をしましたが同居はされていません。山田峰子さんは中村静枝さんの妹であり養女です。兄と弟があり、4人きょうだいです。もちろん両親はずっと以前に亡くなっています。

● パーキング代が振り込まれない

　コインパーキングの管理会社から毎月代金が振り込まれていましたが、なぜか先月分はまだとのこと。葬儀は済ませたということですから、死亡届は済んでいます。

　後期高齢者医療保険証、介護保険証は役所に返しましょう。それよりも急がなければいけないのは「年金」です。年金事務所へ行って死亡の手続きをしましょう。手続きをしなければ年金機構は偶数月の15日に年金を振込みます。

100

コインパーキングの代金が振り込まれないのは管理会社の問題ではなく、入金すべき預金口座が凍結されているので振り込めない可能性が高いと考えられます。年金も同じことが起き、その後処理が面倒です。急ぎましょう。

◯ 相続人は？

お話を聞く限りでは、山田峰子さんが唯一の相続人だと考えられます。それを戸籍等で確認しなければなりません。自分でやるのが難しければ行政書士か司法書士に依頼しましょう。

◯ 相続財産は？

不動産は中村静枝さん名義の土地が3筆、自宅、貸家、コインパーキングが隣り合って、それぞれ約20坪、合計約60坪の土地と自宅・貸家の建物です。株式が約100万円分、預貯金の額はわかりませんが、たいした額ではなさそうです。

路線価を調べると3,500万円ぐらいと考えられます。相続人が1人だと相続税の基礎控除は3,600万円だから、株・預貯金を加えると相続税の申告が必要である可能性が高いと考えられます。不動産の名義変更は司法書士に、相続税の手続きは税理士に相談しましょう。

2

継母の遺産

42 継母とは養子縁組 していません

⬤ 私たちは前妻の子

　父が3年前に亡くなり、母（継母）も最近亡くなりました。私たち姉妹は前妻の子です。母には子がありません。母とは養子縁組していません。遺言もありません。母の両親はずっと以前に亡くなっています。

　母には預金が少しありますが、私たち姉妹が受け取ることはできますか？

⬤ お母さんの遺産は？

　母の遺産は200万円の預金だけです。妹夫婦が所有する家に母が同居し、姉妹で母の介護をしていました。

⬤ 継母の相続

　あなた方姉妹とお母さんは養子縁組していないので、あなた方は相続できません。お母さんに兄弟姉妹はいらっしゃいますか？

　母には兄が一人います。伯父さんは「妹はあなたたちの世話になったので、遺産はあなたたちが受け取ってください」と言ってくれますが、どのようにすればいいのでしょう？

一つ目の方法……叔父が相続して贈与

お母さんの相続人はお兄さん（伯父さん）一人です。お兄さんに相続手続きをしてもらって、預金を受け取ってもらいます。相続人が一人だけですので（当然ですが）「遺産分割協議」は必要ありません。相続人がお兄さん一人だけであることを証明する戸籍類とお兄さんの実印があれば預金は解約できます。

その上で、あなたたち姉妹に100万円ずつ贈与してもらいます。1年間の贈与に対する贈与税の基礎控除額は110万円なので、贈与税の申告も納税も不要です。

もう一つの方法……特別縁故者の申出

二つ目は、お兄さんに「相続放棄」してもらってから、あなた方が「特別縁故者」として申出る方法です（民法958条の3）。特別縁故者は、法定相続人がいない場合に、「特別に」相続財産の分与を認める制度ですが、民法で基準が定められており、特別縁故者として認めるか否か、どの程度の財産の分与を認めるかは、家庭裁判所の裁量に任されています。特別縁故者になれるのは、ア．被相続人と生計を同じくしていた人、イ．被相続人の療養看護に努めた人、ウ．その他被相続人と特別の縁故があった人とされ、家庭裁判所に申立てなければなりません。

この方法は費用も時間もかかりますし、確実に特別縁故者と認定されるという保証もありません。あくまで、最後の手段と考えたほうがよいでしょう。

というわけで、一つ目の方法を取られるほうがいいかと思います。あなた方姉妹とお母さんのお兄さんとの関係、お母さんの遺産の内容と金額などで事情が変わりますので、個々のケースによって具体的に検討する必要があります。

2

配偶者の相続①

43 案外難しい未成年の子がいる場合の相続

● 亡夫は40代

　働き盛りの夫が40代の若さで亡くなりました。相続人は妻と未成年の子2人です。1人は高校生、1人は中学生です。妻は自分が子どもを育てなければならないので亡夫の遺産をすべて自分名義にできないかと考えています。遺産は自宅の土地・建物と若干の預貯金です。

● 案外難しい

　このような場合、夫の遺産をすべて妻が相続するのは案外難しい手続きになります。なぜなら、妻が全部の遺産を相続するということは、子どもたちの相続分をゼロにすることを意味するからです。

● 特別代理人

　未成年者には相続など重大な財産関係の判断をする能力がないので、通常は親が未成年の子の法定代理人となります。

　ところが、今回のケースでは妻と子どもたちの利害が相反する関係（「利益相反」と言います）となるため、妻が子どもたちを代理することができません。このような場合は、家裁に「特別代理人」の選任を求めることになります（民法826条1項）。

特別代理人は特に資格を必要としませんが、弁護士が選任されること
が多いでしょう。多額ではありませんが特別代理人に支払う費用（報酬
等）がかかる上に、特別代理人はそれぞれの子どもの利益を守らなけれ
ばなりませんから、相続分をゼロにすることに同意するとは考えにくい
でしょう。

○ 法定相続分

一つは法定相続分どおりに分割することが考えられます。そうすると、
遺産分割協議は不要で、特別代理人の選任も不要です。

不動産は、相続人である妻が単独で、単に相続を原因とする共有の登
記をすることができます。通常は司法書士に依頼しますが、この手続き
は比較的シンプルなので自分でやる方もあります（本人登記）。

そうしておいて、子どもたちが成人した後に改めて「遺産分割協議」
をして分けることもできます。

○ 遺言

もう一つの方法です。夫がガン末期で余命宣告を受けた方からご相談
を受けたことがあります。ご夫婦の意向を聞き、必要最小限の「遺言書
（案）」を作成し、夫がたびたび休憩しながら、まさに最後の力を振り絞っ
て「自筆証書遺言」を作成されました。数日後に亡くなられましたが、
家裁における「遺言の検認」も金融機関の手続き、所有権移転登記も無
事終了しました。

同じようなケースで、夫にはすでに「遺言」を書く体力、気力が残っ
ていなかった場合がありました。この方の場合は、「特別代理人」の選
任を考慮した上で「法定相続」を選択されました。

配偶者の相続②

44 「配偶者の税額軽減」の特例もあるが……

◯ 相続税の基礎控除減額

2015（平成27）年1月1日以降の相続発生（すなわち、被相続人の死亡）では基礎控除は3,000万円＋相続人1人につき600万円を加えた額となり、それまでの60％に引き下げられました。

A（夫）さんの家族は、妻（W）と一人娘（X）とその夫（Y）です。娘夫婦には子はいません。Aさん所有の土地にYさんが2世帯住宅を建てて同居しています。

相続税の基礎控除が下がったので相続について相談しています。家族はAさんに万が一のことがあればWさんがすべて相続すればいいと言っています。そうすれば相続税もかからないそうですが本当でしょうか。

◯ Aさんの相続人

Aさんの推定相続人は、妻であるWさんと娘さんXです。養子縁組していなければYさんは相続人ではありません。相続人が2人なので、相続税の基礎控除は4,200万円です。Aさんの財産は8,000万円くらいありそうなので、4,200万円を超えた約3,800万円に対して相続税が発生します。減額前なら基礎控除が7,000万円だったのでそんなに心配するほどではなかったのです。

106

○ 配偶者の税額軽減

　先の家族の相談は、配偶者が相続した相続財産については1億6,000万円までならば「配偶者の税額軽減」という特例を適用することにより相続税がかからない、ということだったようです。ただし、内縁の妻・事実婚の妻は配偶者とは認められませんので注意してください。

　配偶者のもう一つの特例は「小規模宅地等の評価減」です。住んでいる家の敷地を配偶者が相続した場合は、その敷地を8割評価減できます。この特例が適用される敷地面積は330㎡までです。

　確かに、Aさんの遺産を妻であるWさんがすべて相続すれば相続税はかかりません。しかし、次に相続が発生したときはどうでしょうか？

　Wさんの推定相続人はXさん一人ですから、相続税の基礎控除は3,600万円となります。親子ですから、配偶者の税額軽減も使えません。Wさんが夫Aさんから相続した財産に、元からWさんが持っていた財産を加えた額がWさんの相続財産となります。親子トータルで見れば、かえって相続税が増える可能性が大きくなります。

○ 小規模宅地の特例

　いっそのこと、敷地はAさんが亡くなったときに娘さん（X）が相続するのはどうでしょう。「小規模宅地等の評価減」の8割評価減は、同居している子が相続した場合でも適用できます。万が一娘さん（X）が亡くなった場合でも、YさんはXさんの相続人として敷地を取得することが可能です。

※今回は、単純に「相続税がかからないから」というわけにはいきませんよ、ということを説明しました。しかし、Aさん・Wさんの財産の構成によっても事情は変わりますので、具体的には税理士に相談されることをお勧めします。

2 海外在住の相続人がいる場合

45 印鑑証明に代わる 「サイン証明」

○ 相談

３か月前に高齢の兄が亡くなりました。兄夫婦の介護を支えてきたのは弟です。兄の遺産相続で兄弟が受け取る分はすべて弟に譲りたいと思っていますが、どうすればいいでしょうか？

○ 相続人の整理

兄には子がないので、相続人は次のようになります。兄弟分は弟に譲るという合意はできています。

(1) 兄の妻
(2) 私（妹）
(3) 弟
(4) 甥（すでに亡くなっている姉の息子）

○ 法定相続分

お兄さん夫婦に子がなく、遺言書もない場合、法定相続分はお兄さんの妻が４分の３、兄弟分はまとめて４分の１です。

財産は預金が800万円ほどです。姉の息子は中国に住んでいます。手続きはどうすればよいでしょうか。

108

遺産分割協議書

　遺産の分け方について合意ができているということは、遺産分割協議が終わっているということです。あとは「誰が、何をどれだけ相続するのか」を記載した「遺産分割協議書」を作成します。遺産分割協議書の様式は自由ですが、相続人全員の署名と実印の押印が必要となり、印鑑証明書を添付します。あと、戸籍謄本などの添付書類も必要です。不安なら行政書士などに作成を依頼すればよいでしょう。

甥には住民票がない

　甥は仕事のため家族で中国に移住し、日本の住民票がありません。したがって、印鑑証明書を添付することができません。印鑑証明書がなければ押印が正式なものと証明できず、遺産分割協議書は無効になります。こんなときはどうすればよいのでしょうか。

相続人が海外在住の場合

　国際的な交流が広がって、このようなケースが増えています。相続人が海外在住の場合、印鑑証明に代わるサインを利用します。これを「サイン証明書」と言います。

　まず、甥御さん以外の全相続人が署名・押印した遺産分割協議書を甥御さんに送ります。甥御さんが現地の日本領事館に出向き、「サイン証明」を発行してもらいます。遺産分割協議書を領事館に持参し、係官の前でサインすると発行されます。

　お兄さんの預金を下ろすため、金融機関に提出するサイン証明は有効期間が3か月以内です。海外とのやりとりは時間がかかるので、余裕をもって手続きしましょう。

2

相続に関係する税金①

46 相続税の申告が必要な場合

○ 死亡した夫の家と土地

2016（平成28）年10月に夫が亡くなりました。子どもが2人います。家と土地の固定資産評価額は2,780万円で、他に夫の預金が1,500万円ほどあります。合計すると4,280万円です。相続税の基礎控除は、3,000万円＋600万円×3人＝4,800万円なので相続税はかからないと思いますが、税務署には申告しないといけないのでしょうか。

○ 遺産の計算

この方の場合、固定資産評価額の内訳を見ると、土地が2,610万円、建物が170万円でした。建物はそのままでよいのですが、土地は要注意です。土地の時価を100％とすると、おおむね路線価は80％、固定資産評価額は70％程度に設定されていると言われています。遺産額の評価をする場合は路線価を使うケースが多くなります。路線価に直すと、土地は3,000万円ぐらいです。

3,000万円＋170万円＋1,500万円＝4,670万円となり、基礎控除の範囲内だと考えられます。ただし、路線価は単純には決められませんので専門家に計算してもらったほうが安全だと考えられます。

○ 上の計算が正しい場合

　上の計算が正しければ、家と預金を足しても基礎控除の範囲内に収まっているので、相続税の申告は必要ありません。

　税務署は、申告の必要がありそうだと判断すると、死亡届を出した人へ相続税の申告書を送ってきます。申告書が送られてきても、路線価を正しく評価していればそのまま申告しなくても大丈夫です。概算だけで申告していない場合は、この時点できちんと路線価を使った土地評価で確認すればよいでしょう。

○ 相続税の申告と納税

　相続税の申告と納税の期限は、相続開始を知った日の翌日から10か月以内です。この方の場合、この期間に税務署から何も連絡がなければ申告の必要はなかったと考えてよいと思われます。

　ただ、申告の必要があるかどうかは遺産が基礎控除を超えているかどうかで決まります。申告書が送られてきたから必ず申告の必要があるということではありません。

※この記事は概要です。実際に相続が発生した場合、基礎控除の範囲内であるかどうか確信が持てない場合は税理士に相談されることをお勧めします。

2

相続に関係する税金②

47 相続税は非課税だが 譲渡所得税が発生

○ 兄弟姉妹間の相続

　被相続人Ａ（長男）、相続人Ｂ（長女）、Ｃ（二男）、Ｄ（二女）という、第３順位の相続人である兄弟姉妹のみが相続人であったケースです。

○ 孤独死

　被相続人Ａ（長男）は生涯独身で、先祖代々の家に一人で住んでいました。相続人Ｂ・Ｃ・Ｄはそれぞれ独立して生計を営んでいます。最近Ａの姿を見かけないので心配した民生委員がＡを訪ねて、Ａが死亡しているのを発見しました。検視の結果によると心筋梗塞だったようです。

○ Ａの財産

　Ａは年金暮らしで、住まいである不動産以外にはわずかな預貯金しかありませんでした。Ａの家は町中とはいえ、面積は狭く建物は使いものにならないような状態でした。

　相続人３人で相談して、Ｃがこの不動産を取得し代償金をＢ・Ｄに支払うことにしましたが、Ｃも裕福ではなく相続した不動産を売却して支払いに当てることにしました。

　ところが、見積もりを取ってびっくり。3,500万円で売れるという

112

のです。相続人は３人なので相続税は基礎控除（3,000万円＋600万円×3＝4,800万円)の範囲内であり非課税です。このケースの場合「代償分割」ではなく「換価分割」とされるでしょう。

◯ 思わぬ落とし穴＝譲渡所得税

　売却代金－取得費－譲渡費用＝譲渡益であり、譲渡益がない場合は課税されません。「先祖代々の家」ですから、いつ取得したのかわかりませんし、取得費も証明できません。このような場合、取得費は売却代金の5％（175万円）とみなされます。さらに譲渡費用は概算で120万円です。税率は単純化して21％とします。

　譲渡益＝3,500－175－120＝3,205（万円）
　譲渡所得税＝3,205×21％≒673（万円）（税務署に申告して納税）
　これは今回の納税にとどまらず、翌年の住民税、国保料等に影響し（1年限りなのが救いですが）びっくりするような金額になります。

　・実際に手元に残る金額
　3,500－120－673≒2,700（万円）

　これを相続人３人で分けることになります。
　このケースの場合、相続手続き（不動産の名義変更）にかかる登録免許税もそれなりの金額になるでしょうから、これらすべてを織り込んで「遺産分割協議」をしないと、「単純に3,500万円を３人で分ける」と考えていたらとんでもない結果になりかねません。

　・これはあくまで概算で、納税方法などは正確ではありませんので、実際には税金は税理士、譲渡費用（仲介手数料等）は不動産会社と相談して判断してください。

113

散骨は故人に敬意を払い節度をもって

　最近「散骨」が流行っているようです。一般には、故人の遺体を火葬した後の焼骨を粉末状にして、海、空、山中などでそのまま撒く葬送方法を言います。

　埋葬等の手続きを定めた「墓地、埋葬等に関する法律」に、「散骨」の規定はありません。一方、刑法190条は「死体損壊等」について、「死体、遺骨、遺髪又は棺に収めてある物を損壊し、遺棄し、又は領得した者は、三年以下の懲役に処する」と定めています。この規定との関係について、法務省は非公式見解で「散骨が節度を持って行われる限りは違法性はない」としています。

　ただし法律以前に、周辺住民とのトラブル、漁業や農業、環境などへの影響を考慮すべきです。また見た目に「人骨」とわかれば刑法190条等に問われる可能性があります。

　最近は「樹木葬」として「散骨」に類する方法が広まっています。「散骨」するには「分骨」に関する内容を踏まえるのがよいでしょう。「分骨」とは遺骨の一部を別の墓地に埋葬することです。一部はお墓に埋葬し一部は「散骨」するという場合もあります。

　「分骨」する方法の一つは、すでに埋葬してある遺骨の一部を分ける場合です。墓地の管理者に相談の上、さまざまな手続きが必要です。

　もう一つは埋葬前の「分骨」です。葬儀社の担当者に「分骨」の希望を伝えておくと、火葬後にいくつかの骨壺に分けることができます。

　いずれの場合も「祭祀主宰者」の承諾が必要です。故人の遺骨の取り扱いですから、慎重に進める必要があります。加えて、必ず親族の了承を得た上で執り行いましょう。

　こうして「散骨」は、故人に敬意を払い、親族の了承を踏まえて「他人に迷惑をかけず」「節度を持って」実施する、「粉末状にして」「樹木葬以外の場合は少量撒く」のが基本です。

第3章

遺言

48 終活問題①
高齢者をめぐる諸問題

　高齢者をめぐる諸問題といっても、十把ひとからげにはいきません。一人ひとり事情が違うので、個別に検討しなければなりません。当たり前ですが、共通しているのは「高齢である」ということです。

　よく出くわす問題を順不同で挙げてみます。

(1)経済的に苦しい。年金が少ない。安定した住居がない。
(2)健康に不安がある。いくつもの病気を抱えている。
(3)一人暮らし（あるいは高齢の夫婦のみ）で、将来が不安。
(4)認知症になったらどうしようか。
(5)相続や遺言をどうしたらよいか。
(6)葬儀やお墓をどうしたらよいか。

　(3)～(6)の問題を一括して「終活問題」と呼ぶ方もあります。これらの問題を考えましょう。

○ 経済問題

　「今の高齢者は裕福だ」という声があります。そして、高齢者の「資産」を子や孫などに早めに承継させる施策が次々と打ち出されています。

　しかし、それはごく一部の高齢者であって、大半の高齢者は「年金が少ない」などの問題を抱え、格差が広がっています。「年金だけでは食っていけない」など経済的事情で、高齢になっても働かざるを得ない方が

増えています。

◯ 健康問題

健康問題は「個人差」の問題とも考えられます。しかし、長年にわたる労働や生活の影響を受け、病気になってからの対処にも大きな差が生まれています。

「成人病」が「生活習慣病」と表現を改められました。一理ありますが、「健康は生活習慣の問題」と狭く「個人責任」の問題にしてしまうことには疑問を感じます。

◯ 一人暮らしなど

一人暮らしや高齢の夫婦のみの世帯が増えています。これは人数だけの問題ではなく、上の「経済問題」や「健康問題」とも関わっています。この間関わった相続問題で「孤独死」が増えているのも特徴的です。

◯ 終活問題

ある週刊誌で「終活」という言葉が使われてからあっという間に広がりました。「終活」に対するスタンスにはさまざまなものがありますが、上のような問題を踏まえて、「最後までどう生きるか」という視点が大切ではないでしょうか。一部の士業や会社に見られる、「ビジネスチャンス」というとらえ方には大いに疑問を感じます。

終活問題②

49 自分を見つめ 自分らしく生きる活動

○ 終活なんておやめなさい

　これは、宗教評論家であるひろさちやさんの著書（青春出版社、2014年）の表題です。「はじめに」で「いま、世間では『終活』という名の死の準備がすすめられています。それは、死後の心配ばかりをしているのです。死後のことばかり考えて、いま現在をないがしろにしています。馬鹿らしいと思いませんか?!」と書かれています。

　同感です。この本の内容のすべてに賛同できるわけではありませんが、ずいぶん考えさせられることが書かれていますので一読されてはいかがでしょうか。

○ 終活とは

　当初は葬儀や墓など人生の終焉に向けての事前準備の意味が強かったのですが、現在では「人生の終末（エンディング）を考えることを通じて『自分』を見つめ、『今』をよりよく自分らしく生きる活動」というように変わってきています。

　では、自分を見つめ、自分らしく生きる活動とは何でしょうか。人生の後半を趣味や生きがいを見つけ、生き生きと暮らすことも一つですが、ここでは誰にでもやってくる「死」について「自分がどう考え『どう行動するか』」について考えていきましょう。

○ 死は誰にでもやってくる

「人間死亡率100%、その日が来るまで生きてみようか」という歌があります（山崎ハコ詞・曲・歌「人間100%」）。人は必ず死にます。しかし、その瞬間までは間違いなく生きています。死は生の証（あかし）なのです。すなわち、「どう死んでいくか」は、最後までを「どう生きるか」と言い換えることができるのです。

○ エンディングノート

日本ではまだまだ「遺言」を書く習慣は定着していないようです。しかし、近年「エンディングノート」が注目されています。これについては、改めて次項で考えましょう。

○ 入棺体験など

最近では、葬儀や墓の準備をするだけでなく、「入棺体験」や「模擬葬儀体験」などもできるようになっています。体験した方の話では、走馬灯のようにいろいろと生きることを考えたそうです。機会があれば一度体験してみるのもよいかもしれません。

○ 遺言など

遺言については次項以降に詳しく書いていますので参照してください。

遺言とエンディングノート①

50 人生を振り返り 「心の準備」ができる

◯ エンディングノート

近年「エンディングノート」が注目されています。ただ名称は「エンディングノート」とは限りません。

◯ エンディングノートとは

それでは、「エンディングノート」とはどんなものでしょうか？　書かれる事柄は特に決まってはいませんが、主に次のような内容になっているようです。

- 病気になったときの延命措置を望むか望まないか
- 自身に介護が必要になった際に希望すること
- 財産・貴重品に関する情報
- 形見分けや寄付に関する希望
- 葬儀や墓に対する希望
- 遺産相続に対する考え方、遺言書の有無
- 家族や親戚、友人への言葉
- プロフィール・自分史
- 家系図
- 家族・親族リスト、友人・知人リスト

- その他、「死亡後の手続き一覧」や「お気に入りの写真」（遺影用）を貼る欄が設けてある親切なものもあります。

　これらが「書き込み式」になっていて、「想い」を書きやすい工夫がされています。しかも初めから順番に書く必要はなく、書きやすいところから書いていけます。そういう意味では「優れもの」だし、考えた人は偉いと思います。しかし、「遺言」とは違って法的な効力はなく、存命中や死後の希望を伝えたり、家族の負担を減らすことを主眼としています。例外的に、家庭裁判所が「遺言」としての効力を認めた例もありますが、それは期待しないほうがよいでしょう。

※エンディングノートを書くということは、ちょっと立ち止まり、人生を振り返り、家族を想い、これからを考えることです。書くことで「心の準備」ができます。

3

遺言とエンディングノート②

51 遺言と エンディングノートの違い

○ エンディングノートが書けない

(1)エンディングノートが書けない……その理由は？

①市販のものによっては、先に挙げたような項目が細かく多岐にわ
たっているものがあります。

→全部埋める必要はありません。書き方の決まりごとはありません。
市販のノートにある項目は考えるヒントにすぎないと考えてくだ
さい。

②あなたの想いがまとまっていない

→友人や家族と話し合う中で、自分はどうしたいのか、そのため何
をすればよいのかを考え、整理していけばよいのです。あせる必
要はありません。想いがまとまったら書きましょう。

(2)お勧めしたいこと

市販のエンディングノートを買ってきたときは、書き始める前にノー
トをコピーするか、下書き用紙を準備しましょう。

→途中で必ず書き損じするからです。

○ 遺言とは

それでは、「遺言」と「エンディングノート」はどこがどう違うので
しょうか？ 「エンディングノート」の記載内容は任意ですが、「遺言」

には法的にさまざまな決まりごとがあります。それは、「遺言」が「人の最終の意思表示」であり、「遺言」を書いた人の「死後に効力を生じる」制度だからです。

「遺言」には、「遺言能力」「遺言事項」「遺言の方式」「遺言の撤回」などが決められています。

「遺言だけでは自分の想いを十分伝えることができない」と思われる方は、「遺言」と「エンディングノート」の両方を作成するということもできます。同じことを一部ダブって書いてもかまいませんが、両者に矛盾があると混乱の元ですから、「エンディングノート」には、「遺言事項」は書かず、「遺言書参照のこと」などとしておくほうが無難でしょう。

● 法的効力のない事項

なお、遺言には何を書いてもかまいませんが、すべてに「法的効力」が発生するわけではありません。法的に意味のない記載には法的効力が生じません。たとえば「お母さんを大切に、きょうだいは仲よく」などと書いても法的効力はありません。葬式の方法、婚姻や縁組の指定、家族間の介護や扶養の方法、遺訓なども同じです。

それらは相続人の自発性にゆだねられますが、「法的効力がない」から書いてはいけないとか、書いても無駄だとは言えません。なぜ相続分を指定したのかなど、法的効力のある事項についての遺言者の気持ちや心情を残された人たちに伝えられれば、遺言の効力も大きいからです。「公正証書遺言」でも葬儀の方法や遺骨の扱いなど「遺言事項」以外を「附言事項」として書くことがあります。

3

遺言のすすめ①

52 もめごとを未然に防ぐ 可能性が高まる

◯ 遺言は必須か？

「相続」は必ず発生しますが、遺言を書かない方はたくさんいらっしゃいます。日本では遺言を残す人はまだまだ少数派のようです。それでも困ったことは何も起きないという場合も多々あります。それでは、なぜ「遺言のすすめ」なのでしょうか。

◯ もめごとを未然に防ぐ

遺言があれば、法定相続に優先して死後の法律関係を指定できますから、財産の分配などに自分の意思を反映することができます。相続でもめる大きな原因は、相続人間の思い、感情が合致しない（うまくまとまらない）ことですから、遺言があれば自分（被相続人）の意思を伝えることが可能です。

もちろん、「遺言があれば絶対」ということではありません。相続人全員の意見が一致すれば、遺言や法定相続とは違う割合や方法で相続しても問題ありません。でも今問題にしているのは、「相続人の意見が一致しない」場合です。遺言の内容をすべての相続人が納得するとは限りませんが、遺言があればもめごとを未然に防ぐ可能性が大きくなります。もう少し詳しく見てみましょう。

124

○ 遺言を書いておきたい場合……その1

☆**相続人間に複雑な事情があったり、もめることが予想されるとき**
※子がいないとき … 妻ならびに第2順位あるいは第3順位の相続人が推定相続人となります。
※先妻の子と後妻の子がいるとき……基本的には権利は同じですが、感情的にしっくりいかないことがよくあります。
※相続人間に不和があるとき……特に、第1順位と第2順位の相続人がいなくて第3順位の相続人（兄弟姉妹）が相続する場合に起こりがちです。
※特定の推定相続人から相続権を奪いたい（＝廃除）場合……要件と手続きが必要なので要注意です。
※遺産を与えたくない推定相続人がいるとき。

○ 遺言を書いておきたい場合……その2

☆**相続権のない人に財産（の一部）を与えたいとき**……この場合は、「遺言」がないとそもそも「遺贈」は発生しません。
※認知していない子（愛人の子など）に財産を与えたい。
※世話になった嫁（息子の妻）にせめてもの恩返しをしたい。
※内縁の夫婦（婚姻届を出していない）の場合……内縁の妻には法的には相続権はないが、財産を渡したい。
※相続権のない兄弟姉妹にも遺産を与えたいとき

3

遺言のすすめ②

53 生きている限り 何度でも書き直せる

◯ 遺言を書いておきたい場合……その3

● 財産の渡し方を指定したいとき

※土地や家を配偶者（妻）に残したいとき

※特定の相続人に家業を継がせたいとき

※特定の財産を特定の相続人に与えたいとき

※特別に財産を多く与えたい相続人がいる場合

※遺産の一部をお世話になった公益団体（社会福祉法人、学校法人、宗教法人）などに寄付したいとき

◯ 遺言を書いておきたい場合……その4

● 相続人に「相続財産の確定」に手間ひまをかけさせたくないとき

※相続財産が「何」で「いくら」あるかを明確にしておくと相続人は大いに助かります。

※特に、相続財産の種類がたくさんあったり、複雑であったり、本人しか知らないときはぜひ「遺言」を書いておきたいものです。

※相続財産ではありませんが、「生命保険」などを整理しておくことも大切です。

※逆に言えば、「その1」から「その4」のような事情がない場合は遺言を書かなくてもかまわないと言えるかもしれません。

◯ 私はまだまだ死なない

と思っている方も多いでしょう。でも、「死」はいつ訪れるかわかりません。と言って脅すつもりはありません。生きているからこそ、「遺言」が書けるのです。

◯ 遺言内容は変更できる

- 遺言は被相続人の意思を尊重するという趣旨から効力を持つものです。したがって「遺言」は「いつでも」「何回でも」書き直すことができます。つまり、いちばん新しい日付の遺言が効力を持ちます。遺言が効力を生ずるのは相続が発生したとき（＝被相続人が死亡したとき）からです。繰り返します。「遺言」は生きている限り書き直すことができます。
- 日付の違う複数の「遺言」がある場合……新しいものが優先されます。新旧の遺言の内容に矛盾がなければ古いものも有効です。

◯ とりあえずは、「遺言の下書き」を書いてみましょう

この場合、「下書き」ですからワープロやパソコンを使って書いてもまったく問題ありません。もちろん手書きでもかまいません。自分の財産や思いを整理することもできるでしょう。「下書き」ですから気軽に書けます。何回間違えても大丈夫です。

そして、納得できるものができたら、「自筆証書遺言」にしましょう。「自筆証書遺言」では心配という場合は「公正証書遺言」を作成しましょう。

正式の遺言を作るのに気が進まないときは、とりあえず「下書き」のままでよいでしょう。

※遺言の下書きがあったおかげで「親父はこんなことを考えていたのか」と、遺産分割協議がスムーズに進んだ例があります。

3

遺言の種類など①

54 自筆証書遺言

● 遺言の種類

遺言には大きく分けて、1）普通方式の遺言、2）特別方式の遺言、があります。

しかし、「特別方式の遺言」というのは、病気などで死が迫っているときや船や飛行機に乗っていて遭難しそうなときなど、本当に「特別なとき」のものなので、今回は「普通方式の遺言」について考えます。

普通方式の遺言には、次の３種類があります。

㋐自筆証書遺言

㋑公正証書遺言

㋒秘密証書遺言

● 自筆証書遺言

これは、遺言の全文と日付、氏名を自筆して（自分で手書きして）押印すれば完成です。

用紙の種類や大きさには制限がありませんが、長期保存に耐えられるしっかりしたものにします。鉛筆書きはだめです。ボールペン・万年筆・毛筆などを使います。パソコンで作ったり、コピーしたものは無効です。

注意を要するのは「日付」です。「平成28年7月6日」のように、日付が特定できるようにします。「7月吉日」ではだめです。印鑑は実印で

128

も認印でもかまいません。また、押印は指印でもよいとされています。

　自筆証書遺言のメリットは、費用がかからないこと、内容を秘密にできることなどですが、要件を満たしているかどうか専門家に確認してもらったほうが安心できるでしょう。

　デメリットは、改ざん・破棄・偽造などの可能性があることや、遺言書が見つからないときがあることなどですが、実はもっと大きな問題があります。遺言者が死亡して、自筆証書遺言が発見されたら、家庭裁判所で「検認」という手続きが必要です。このとき「遺言」に封印がしてあるときは勝手に開けてはいけません。「検認手続き」については、サラッと書いてあることが多いのですが、項を改めて（次項）少し詳しく見ていきます。

　検認後は、検認調書作成、「検認済証明書」の申請、検認の結果についての通知などがあります。

○ そのうち書く

　自筆証書遺言に限りませんが「遺言を書こうと思っている」「そのうち書く」という方がいらっしゃいます。しかし、遺言を書くには「気力」と「体力」が必要です。思い切って書き始めないといつまで経っても書けません。

　また「まだ早い」とおっしゃる方もあります。でも、若くて元気だからこそ書けるのです。体力、気力が衰えてからでは書くのが難しくなります。

　現に、「そのうち書く」とおっしゃっていた方で、書かずに（書けずに）亡くなった方を何人も見ています。

遺言の種類など②

55 自筆証書遺言の 検認手続き

○ 家庭裁判所で検認手続き

(ア)遺言者が死亡して、自筆証書遺言が発見されたら、家庭裁判所で「検認」という手続きが必要です。

(イ)検認を請求するときは、「遺言書検認申立書」に「相続人等目録」を添付して、家庭裁判所に提出します。この用紙は、家庭裁判所に備え付けられています。若干の収入印紙や連絡用切手が必要です。

検認当日は、相続人やその代理人の立ち合いが求められます。これは検認の要件ではないので、欠席も認められます。

○ 検認を受けるには

1) 申立人は、遺言書の発見者か保管者であること
2) 必要書類等
   - 申立人の戸籍謄本と印鑑
   - 遺言者の除籍謄本等（出生から死亡までのすべての戸籍）
   - 相続人「全員」の戸籍謄本と印鑑
   - 受遺者の戸籍謄本と印鑑
3) 相続開始後速やかに行うこと

◯ 自筆証書遺言の問題点

相続人が数人で所在もはっきりしている、遺言の中身はともかく、検認手続きには全員が協力する、といった場合には大きな問題はありません。わざわざ費用のかかる「公正証書遺言」にすることもないでしょう。

ところが、検認の手続き自体がスムーズに運ばないことがあります。

(ア)ケース１……つき合いのない人を含む

第３順位の相続人、すなわち兄弟姉妹間の相続である場合、相続人の内の一人が付き合いもなく、場合によっては行方不明であったり、けんか別れ状態であったりして、戸籍謄本と印鑑をもらうことが事実上難しいということがあります。

(イ)ケース２……相続人が多数

第３順位で、かつ全員代襲相続であるという場合、たとえば伯父の遺産を甥・姪が相続するという場合です。昔の人は兄弟姉妹がたくさんいて、その子どもですから、相続人が２０人以上ということもざらにあります。こうなると相続人を確定するだけでも大変です。せっかく「遺言」を書いたのに、「検認」でつまずいてしまいます。

このように、検認手続きがスムーズにいかない可能性がある場合は、費用を惜しまず「公正証書遺言」にすることが賢明な選択です。

遺言の種類など③

56 公正証書遺言と 秘密証書遺言

○ 公正証書遺言

　証人2人の立ち合いのもと、公証人が遺言者の口述を筆記し、遺言者と証人が署名・押印して作成します。最後に公証人が、この証書が法律の様式にしたがって作成したものである旨を付記し、署名・押印して終了します。遺言者が病気などで公証人役場へ行けない場合は公証人が出張することもできます。

　「遺言者の口述を筆記」と書きましたが、こんなことをしていたらとんでもなく時間がかかります。実際は「遺言」の案を書いて事前に公証人に渡し、必要な添付書類も事前に用意し、「公正証書遺言」作成日を予約して、関係者がそろったところで内容を確認して仕上げます。行政書士などに手続きを依頼するのが普通でしょう。この場合、「遺言」の案はパソコンで作ったものでもかまいません。

　公正証書遺言は他の遺言方式に比べて安全で確実です。しかし、手続きが少々面倒で費用もかかるなどのデメリットがあります。でも「検認手続き」で書いたように、費用に代えられないメリットがあるので、よく考えて選択してください。遺産が少なくても「公正証書遺言」を選択する価値はあります。莫大な遺産がある場合は迷わず「公正証書遺言」を選択すべきでしょう。

　遺言書の原本は公証人役場に保管され、遺言者には正本が交付されます。また、必要に応じて「謄本」を交付してもらうこともできます。こ

の方式は、偽造・変造などのおそれはありませんが、遺言内容の秘密は守れません。「自筆証書遺言」とは違って、家庭裁判所の検認は不要です。この方式は、一般に「安全・確実」だと思われていますが、「遺言能力」の有無について紛争になることもあります。

◯ 秘密証書遺言

　秘密証書遺言は、遺言者が遺言内容を書いた後に署名・押印し、それを封筒に入れ、同じ印鑑で封印したものを公証人役場に持って行き、公証人に秘密証書遺言であることを証明してもらうやり方です。この方式は、パソコンを使って本文を書いてもかまいませんが、署名だけは自筆でなければなりません。

　メリットは、遺言者以外には遺言の内容が知られないことです。デメリットは、遺言内容に公証性がないので、無効になる可能性もある、費用がかかるなどがあります。証人２人が必要であるなど「公正証書遺言」の場合と同じような手続きが必要です。また自筆証書と同じように、家庭裁判所による「検認」も必要です。

　この方式は、実際上あまり利用されていませんし、有用性よりも問題点がたくさんありますので「廃止論」もあります。私も特別な場合を除いてお勧めしませんが、「どうしてもこの方式にしたい」という方にはこの選択肢もあります。

57 遺言能力
遺言能力

遺言能力に関する争い

○ 遺言能力

　遺言内容を理解し、遺言の結果を認識できる意思能力を「遺言能力」と言います。未成年者でも可能で、民法では15歳以上であれば「遺言能力」があるとされています。

　成年被後見人の場合は、本心に復して「遺言能力」があることが前提ですから、医師2人以上の立ち会いなど厳格な要件が求められています。

○ 遺言能力に関する争い

　問題は、成年被後見人ではないが、判断能力が低下した高齢者の場合で、裁判で争われるのはたいていこの場合です。「公正証書遺言」だからといって安心できません。この場合でも、「遺言能力」が否定された例があります。

　「通常人としての正常な判断力・理解力・表現力に問題はありません」という医師の診断書があればよさそうですが、これは「参考」であり、医師の判断は尊重されますが、絶対的な基準とはなりません。「遺言能力」の有無は法的な判断ですから、医師の判断を覆すような事実があれば否定されることがあります。

　とは言っても医師の診断書は重要です。遺言者が80歳を超えているような場合は、「判断能力には問題がない」と思っても、念のために医

師に検査をしてもらって「診断書」を書いておいてもらいましょう。

　軽い認知症の場合、家族や知り合いとの意思疎通には問題がなく、家族も大丈夫と思っていても、他人との意思疎通が難しい場合があります。公正証書遺言を作るべく公証人の前に出たとたんに受け答えがあやしくなる方もあります。

　このような事態を避けるためにも、あらかじめ診断書を書いてもらって、遺言書を書く時点での判断能力を確認しておきましょう。

○ 遺言は自らの意思で書くもの

　実情に照らして考えると、遺言能力に関して争いになるのは、高齢者に対して１人ないし数人の推定相続人が主導して「遺言」を書かせ、後に他の推定相続人と争いになるということが圧倒的に多いのです。

　「遺言」は誰かに書かせられるものではなく、自らの意思で主体的に書くものです。その意味では、判断力がしっかりしている間に早めに書いておくことが大切です。

　また、一回書いてもいつでも書き直せますから、あれこれと事情が変わるかも知れないからと迷うこともありません。「自筆証書遺言」は簡便で費用もかかりませんし、何回でも書き直すことができます。正月ごと、あるいは自分の誕生日ごとに書き直す方があるくらいです。

　ただ「公正証書遺言」の場合はある程度費用がかかりますから、そのことは考慮しておく必要があります。

3

58 遺言の効力
効力のある遺言事項

◯ 遺言には何が書けるか

遺言には何でも書けます。しかし、すべてに「法的効力」が発生する
わけではありません。しかし、「法的に効力がない」からといって「無意味」
であるとは言えません。なぜ相続分を指定したのかなど、法的効力のあ
る事項についての遺言者の気持ちや心情を残された人たちに伝えられれ
ば、遺言の効力も大きいからです。

◯ 効力のある遺言事項

民法では、「遺言できる事項」を、ア. 法定相続に関わる内容、イ.
財産の処分に関する内容、ウ. 遺言の執行に関わる内容、エ. 遺言認知
などの家族関係に関わる内容としています。主なものだけ例示します。

⑴ **法定相続の方法を修正するもの**

①相続人の廃除とその取り消し（民法893条、894条2項）……遺留
分を有する推定相続人が、ⅰ.被相続人を虐待したとき、ⅱ.被相続人
に対して重大な侮辱を加えたとき、ⅲ.推定相続人に著しい非行があっ
たとき、「廃除」（＝被相続人の意思で相続権を奪うこと）ができます。
ただし、この場合、「遺言執行者」が家庭裁判所に請求し、家庭裁
判所が認めることが必要です。被相続人の生前に「廃除」が確定し
ていても「遺言」で取り消すこともできます。この場合も家庭裁判

所に「廃除の取消し」を請求します。なお、推定相続人が「廃除」されても、その子は代襲相続人として相続ができます。

②相続分の指定（民法902条）……法定相続分と異なる相続分の指定ができます。

③遺産分割の方法の指定（民法908条）……複数の相続人がいる場合は「遺産分割協議」が必要です。しかし、たとえば「○○町8番地2の土地・家屋は二女桜子に相続させる」という遺言があった場合、桜子さんは、遺産分割協議なしで相続による所有権移転登記の申請ができます。

(2)**相続以外の財産分配**

①遺贈……法定相続人以外の人を指定できます。

②寄付……遺産の全部または一部を公益団体（社会福祉法人、学校法人、宗教法人）などに寄付できます。

(3)**身分に関するもの**

①認知……この場合、「認知」の届け出が必要です（民法781条2項）。

②祭祀承継者の指定（民法897条1項ただし書）

(4)**遺言執行に関するもの**

①遺言執行者の指定（民法1006条1項）……先の「廃除」や「認知」の際は「遺言執行者」が必要です。それ以外の場合でも、相続人間の利害が対立するような場合は「遺言執行者」を指定しておけば、「遺言」がスムーズに実現できます。「遺贈」や「寄付」をするときも「遺言執行者」がいれば相続人は助かります。

②遺言執行者指定の委託……147ページ参照

○ 遺言の効力など

「遺言」は遺言者の死亡のときから効力を生じます。しかし、「遺言」が「無効」になる場合があります。遺言の方式に違反している場合、遺言作成時に遺言能力がない場合や共同遺言の場合などです。

3 遺言の留意点

59 共同遺言の禁止、撤回方法など

○ 共同遺言の禁止

二人以上が同一の書面で遺言をすることはできず、原則として無効となります（民法975条）。いくら仲のよい夫婦でも「遺言」は別々に書いてください。

○ 遺言の撤回

遺言者はいつでも「遺言」の全部または一部を撤回することができます。「撤回」の方法はいくつかあります。

(1)遺言による撤回……新しい遺言に前の遺言を「撤回」する旨を書くことによって「撤回」することができます。

(2)抵触行為による撤回……a. 前の遺言と後の遺言の内容が食い違っている場合は、前の遺言は撤回、後の遺言が有効だとされます。b. 遺言後の「生前処分」などによって、遺言が実現できない場合、たとえば「Bに甲土地を贈与する」という遺言を作成した後で、甲土地を売却したような場合です。

少し補足しますと、「遺言を書いたから、該当する財産は確保しておかなければならない」と思い込んで無理をされる方がありますが、心配は無用です。自由に処分して大丈夫です。もっとも、他の相続人とのバランスを考えて「遺言」自体を書き直すことはあり得

ます。

(3)破棄による撤回……遺言者が、「遺言書」または「遺贈の目的物」を破棄した場合は、破棄した部分について遺言は「撤回」されたものとして扱われます。

○ 遺言の訂正

撤回した遺言をさらに「撤回」して元の遺言を有効にしようとしたり、「遺言書」の一部に二本線をひいて文字を消すなどして訂正する方法は、有効性を含めて紛争の元になりますので避けましょう。「遺言」を訂正するときは、新しく書き直すのが一番です。

○ 遺言と代襲相続

● Aには相続人として、子B・Cがいました。Bには子D（Aの孫）がいました。Aは「Bに全財産を相続させる」という「遺言」を作成していました。ところがAの死亡前にBが死亡しその後Aが死亡しました。さてどうなるのでしょうか？

→最高裁は、上の問題について、2011（平成23）年2月22日に「遺言は原則無効となり、孫は代わりに相続できない」という判断を示しました。すなわち、相続できるのは子CとBの代襲者であるDであるということです。

→Aが、「Cには相続させず、BあるいはDに相続させたい」と考えていたのなら、「Bに全財産を相続させる。Bが遺言者より先に死亡した場合はDに相続させる」という遺言を作成しておけばよかったのです。

遺留分①

60 相続財産の一定割合を相続人に確保する制度

遺留分は遺言があるときにのみ問題となります。相続や遺言の話になると、真っ先に「遺留分」を問題にされる方がありますが、それは順序が違います。「遺言」があり、その内容が権利を侵害している場合に初めて問題となります。

◯ 遺留分とは

遺言は、遺言者の意思を尊重するものですが、共同相続人の中にはその遺言が不満である場合もあります。

たとえば、特定の相続人に全部あるいは大半の遺産を相続させ、他の相続人にはごくわずかしか相続させないとか、極端な場合は妻子ある夫が他の女性に遺産を全部遺贈するという遺言を残して死亡した場合などです。

このように遺言にしたがって遺産を分配すると、不満が出たり理不尽な結果を招いてしまうという場合、当該の相続人が配分に異議を申し立てることができます。このようにして、相続財産の一定割合を相続人に確保する機能を持つのが「遺留分制度」です。

◯ 遺留分は誰にある？

遺留分はどの相続人にも保障されているわけではありません。遺留分

●お詫びと修正

140ページ　**60 相続財産の一定割合を相続人に確保する制度**

誤解を与える表現がありましたので、ここにお詫びとともに修正します。

1行目から15行目までを以下の文章と差し替えてください。

　相続や遺言の話になると、真っ先に「遺留分」を問題にされる方がありますが、それは順序が違います。生前贈与や「遺言」があり、その内容が権利を侵害している場合にはじめて問題となります（民法902条1項、903条、1030条他）。

◯ 遺留分とは

　遺言は、遺言者の意思を尊重するものですが、共同相続人の中にはその遺言が不満である場合もあります。また、多額の生前贈与により相続人間に不公平が生じる場合もあります。

　たとえば、特定の相続人に全部あるいは大半の遺産を相続させ、他の相続人にはごくわずかしか相続させないとか、極端な場合は、妻子ある夫が他の女性に遺産を全部遺贈するという遺言を残して死亡した場合などです。

　遺言に従って遺産を分配すると、理不尽な結果を招いてしまうという場合並びに相続開始前1年以内の贈与や特別受益に当たる贈与によって相続人間に不公平が生じる場合、当該の相続人が配分に異議を申し立てることができます。このようにして、相続財産の一定割合を相続人に確保する機能を持つのが「遺留分制度」です。

は兄弟姉妹以外の法定相続人に与えられていて、その割合は、直系尊属のみが相続人である場合は相続分の3分の1、それ以外の場合は2分の1です。

　すなわち、兄弟姉妹間（代襲相続人である甥・姪を含む）の相続には「遺留分」はありません。

○ 遺留分の割合

　相続人が以下の組み合わせのときは次のようになります。

(1)配偶者のみ　　　　　　配偶者　　1／2
(2)配偶者と直系卑属　　　配偶者　　1／4、直系卑属　1／4
(3)直系卑属のみ　　　　　直系卑属　1／2
(4)配偶者と直系尊属　　　配偶者　　2／6、直系尊属　1／6
(5)直系尊属のみ　　　　　直系尊属　1／3
(6)配偶者と兄弟姉妹　　　配偶者　　1／2、兄弟姉妹　0
(7)兄弟姉妹のみ　　　　　兄弟姉妹　0

　・直系卑属、直系尊属が複数人いる場合は上記の割合を人数で均分に分けます。

※例を挙げて説明すると次のようになります。
(1)被相続人：A（夫）、相続人：W（妻）、X（子）、Y（子）であり、相続財産：2,000万円である場合（上の(2)のケースです）。
　・法定相続分は、W：1,000万円、X：500万円、Y：500万円
　・遺留分は、W：500万円、X：250万円、Y：250万円
　・遺言内容が遺留分を下回る場合、不足額を請求する権利があります。
(2)兄弟姉妹間の相続である場合（上の(7)のケースです）。
　　被相続人：A、相続人：B（兄）、C（妹）、D：（弟）であるとき、遺留分は全員0です。兄弟姉妹間の相続には「遺留分」はありません。

61

遺留分②

遺留分減殺請求

それでは「遺留分」が侵害されている場合はどうしたらよいのでしょうか。

○ 遺留分侵害

遺留分が侵害されていても、自動的に相続分が保障されるわけではありません。侵害された方が、「私の遺留分が侵害されているから、侵害分を返してください」と主張しなければなりません。主張しなければ権利は発生しません。

○ 遺留分侵害の例

妻Ａと子Ｂ、Ｃがいる夫の相続財産が1,000万円で、夫が遺言で妻子以外の女性に600万円を遺贈した場合。

本来の法定相続分は、Ａ：500万円、Ｂ、Ｃ：各250万円です。遺留分はその2分の1で、Ａ：250万円、Ｂ、Ｃ：各125万円です。

ところが遺贈があるため、残りを法定相続分で分けると、相続分はＡ：200万円、Ｂ、Ｃ：各100万円となります。

すなわち、Ａは50万円、Ｂ、Ｃは各25万円遺留分を侵害されています。この侵害された額を、遺贈を受けた女性に対して遺留分として請求する権利があるということです。

これを「遺留分減殺請求権」と言います。

○ 遺留分減殺請求

遺留分減殺請求は、遺留分を侵害している他の相続人や受遺者に対して行います。この遺留分減殺請求については特別な方法や手続というものはありません。したがって、裁判外で請求することもできます。

裁判外で請求するというのは、要するに相手方と話し合いをするということです。そして、その交渉を成立させて、遺留分を返還してもらうだけのことです。

裁判外の請求の手順としては、まず相手方に遺留分減殺請求書を送ります。この請求書は、配達証明付きの内容証明郵便で郵送するのが一般的です。もっとも請求書を送ることは別に必須ではありません。話し合いが容易につくというのであれば、あえて請求書を送る必要もないでしょう。

話し合いがつけば、合意書を取り交わしておくべきです。相手方が相続人であれば遺産分割協議書を作ることもあるでしょう。いずれにしても支払の約束について文書化しておくことが重要です。

遺留分減殺請求をする裁判手続には、遺留分減殺による遺留分減殺調停と訴訟があります。この場合は、弁護士に依頼してください。

遺留分侵害の例

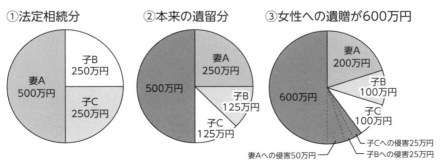

3

62

遺留分③
遺留分の放棄

○ 遺留分は必ず請求するの？

繰り返しになりますが、「遺留分権利者」には、「遺留分減殺請求権」がありますが、「請求できる」ということであって、「請求しなければならない」ということではありません。遺留分権利者が遺留分減殺請求しなければ、「遺言」どおりに遺産分割がされます。

○ 遺留分の放棄

「遺留分権利者」は、相続開始前に、家庭裁判所の許可を得て「遺留分」を放棄することができます（民法1043条項）。そして、次のような場合に利用されます。

【例】

服部正夫さんには前妻との間に子浩一さんがありましたが離婚し、その後美和さんと再婚し、子雅史さんが生まれました。服部正夫さんの推定相続人は、浩一さん・美和さん・雅史さんです。

しかし、正夫さんは自分の死後の相続紛争を心配して、浩一さんに一定額の生前贈与をして、浩一さんは家庭裁判所に「遺留分放棄」を申し立て、「許可」の審判を得ました。服部正夫さんはそれを前提に、「自分の財産は美和・雅史に相続させる」という「公正証書遺言」を作成しました。

もっとも、「遺留分放棄」をした浩一さんは、「相続権」自体を失うわけではありません。これは複雑になるので、指摘のみに止めます。

なお、相続開始後であれば、「遺留分放棄」に家庭裁判所の許可は要りません。

◯ 遺留分減殺請求権の消滅時効

「遺留分減殺請求権」は、遺留分請求権利者が、相続の開始および減殺すべき贈与または遺贈があったことを知ったときから1年で「時効」によって消滅します。すなわち、1年経てばもはや請求することはできません（民法1042条）。

◯ もう少し例を

(1)すでに妻が亡くなっていて、二人の子（息子と娘）がある父が、「全財産を息子に相続させる」という「遺言」を残した場合、娘には4分の1の「遺留分」があり、息子に対して「減殺請求」することができます。

(2)4,000万円相当の自宅と5,000万円の預貯金がある夫には妻と3人の子がいます。しかし、夫は、ある社会福祉法人に大変世話になったとして「自宅は妻に相続させる。預貯金は妻に1,000万円、残りは全額お世話になった社会福祉法人に寄付（遺贈）する」旨の「遺言」を残しました。

この例の場合は、妻は遺留分を侵害されていません。3人の子の法定相続分は、1人当たり9,000万円×2分の1×3分の1ですから1,500万円であり、遺留分は、9,000万円×2分の1×6分の1で各750万円です。子3人は遺留分を全額侵害されていますから社会福祉法人と妻に対して遺留分減殺請求をすることができます。

このようなトラブルを避けるためには、夫が遺言を書くとき「遺留分」を考慮に入れるべきだったのです。

3

遺言の執行

63 遺言で遺言執行者を指定できる

○ 遺言の実現

「遺言の執行」とは、被相続人の死後に「遺言内容を実現する手続き」のことをさします。あなたは遺言を書きました。しかし、遺言が効力を持つのは「相続が発生」してから、すなわち、あなたが亡くなってからです。遺言は書いたけれども、その内容が実現できるかどうかをあなた自身は確認できません。特に、相続人間の利害が対立するような場合は遺言が実現できないこともあり得ます。

そんなとき、「遺言執行者」を指定しておけば、スムーズな遺言の実現が期待できます。

○ 遺言執行者

遺言を書くとき、誰しも相続の内容（＝相続財産の分配）については真剣に考えます。遺言を書く最大の動機がそこにありますから当然のことです。しかし、先に書いたように、「遺言の実現」にまで気が回らず、「遺言執行者」を指定していない遺言書が多いのが現実です。

一言で言うと「遺言執行者」は「遺言内容を実現する」役割を果たす人のことです。「遺言執行者」には難しい理屈がたくさんありますが、詳しい内容は別の機会に譲りましょう。

○ 指定と選任

　認知や相続廃除などは、家庭裁判所への請求や戸籍の届出の手続きを「遺言執行者」が行うことになっています。それ以外の場合は、必ずしも「遺言執行者」は必要ではありません。しかし、相続人間の利害が対立するような場合や遺贈・寄付の実行、登記手続きの際は「遺言執行者」は相続人にとって強い味方です。

　遺言書に「遺言執行者」が指定してあれば、その人が「遺言執行者」になります（民法1006条1項）。しかし、被相続人が死亡したとき、指定していた「遺言執行者」がすでに死亡していたということもあり得ます。遺言書に指定のない場合もあります。そんなときは利害関係者が請求すれば家庭裁判所が「遺言執行者」を選任します（民法1010条）。

　遺言書に「遺言執行者」の選任委託がある場合は、委託された人がふさわしいと思う人を指定します（民法1006条2項）。ふさわしい人が見つからないときは家庭裁判所に選任を請求できます。

○ 費用と報酬

　遺言の執行に関する費用は、相続財産から支出します（民法1021条）。遺言執行者の報酬は「委任契約」と同じく「特約がなければ無報酬」ですが、専門家に依頼したときなどは報酬が発生するのが普通です。家庭裁判所が「遺言執行者」を選任したときの報酬は家庭裁判所が決めます（民法1018条1項）。

遺言に関する相談から①

64 公正証書遺言は 検索できる

○ 公正証書遺言がある？

　故人の書類整理をしていたら「公正証書による遺言」に関する司法書士さんの文書が出てきたが、遺言書自体は見つからないということでした。ということは、公正証書遺言を作成されたか、少なくとも作成を検討されたと思われます。こんなときどうしたらよいのでしょう。

○ 検索できる

　実は、1989（昭和64）年1月1日以降に作成された公正証書遺言はデータベース化され、遺言の有無を調べることができます。それ以前の公正証書遺言は「作成された公証人役場で」「手作業で」調べることになりますので、実際問題として調べるのは非常に困難です。

○ 検索、照会の流れ

1）除籍謄本、戸籍謄本等、被相続人が死亡したこと、および照会者が相続人であることを証明する資料、並びに照会者の印鑑証明書と免許証等の本人確認資料を準備します。相続人が複数いても1人でかまいません。

2）準備した資料一式を公証人役場に持参して、遺言の検索、照会手続

きを依頼します。

3）公証人が、被相続人の氏名や生年月日等の情報に基づいて、日本公証人連合会事務局に、公正証書遺言の有無、保管場所を照会します。

4）依頼を受けた日本公証人連合会事務局が、遺言の検索を行い、その結果を公証人に対して回答します。

5）公証人は、照会者に対し、公正証書遺言の有無とその保管場所となっている公証人役場を伝えます。

○ 謄本交付請求

公正証書遺言が存在する旨の回答を受けた場合、相続人は必要に応じて公正証書遺言が現実に保管されている公証人役場に対して遺言書謄本の交付を請求することができます。

○ 代理人の場合

相続人が行政書士等に委任して検索する場合は、実印を押した「委任状」が必要であり、代理人の身分証明として免許証の提示を求められます。認印も必要です。

○ 検索依頼の実際

突然行くより、事前に電話予約をしていくほうがよいようです。検索依頼の受付に30分程度かかります。

さらに検索に2時間程度はかかりますので、そのつもりで。

遺言がなかった場合は、日本公証人連合会事務局への照会電話料として50円必要です。遺言があり、謄本を請求する場合は、遺言書1ページにつき250円必要です。

65

遺言に関する相談から②

父に先妻の子がいた

○ 相談

　母が父より先に亡くなりました。父に私たち2人の子へ遺産相続する旨の遺言を書いてもらおうとしたところ、父には先妻がいて、子どもも1人いることがわかりました。どうしたらよいでしょうか？

○ 念のために

　遺言を書いてもらうのはよいのですが、遺言はあくまで「遺言者の意思として」「遺言者本人」が書くもので、誰か（子など）が書かせるものではありません。お父さんの意思（気持ち）が第一です。

　ここを誤解してトラブルになることがあります。相続人間に利害対立がある場合などは特に注意が必要です。

○ 法定相続人など

　今回の相談の場合は、父の子は先妻との子も含めますから全部で3人です。法定相続分も各3分の1となります。

　父が遺言を書かないまま亡くなると、この3人の子の間で遺産分割協議を進めることになります。母が亡くなってから先妻の子の存在が分かったようですので、関係は疎遠であったと推測されます。そうすると

遺産分割協議自体がスムーズに進まない可能性もあります。

　父が先妻との子に相続させる意思があまりないのであれば、遺言を作成した方がいいでしょう。

○ 遺留分に注意

　父が2人の子に相続財産を分ける旨の遺言を作成すると、先妻の子には「遺留分」という権利がありますから、そのことに配慮して遺言を作成してもらうといいでしょう。

　遺留分とは相続人が最低限相続できる割合のことで、今回のケースでは、法定相続分の2分の1相当（6分の1）となります。

　その遺留分を侵害するような遺言に対しては、遺留分相当の相続財産をもらう権利があります。

　紛争を避けるために、あらかじめ6分の1相当以上の相続財産を先妻との子に相続させ、残りを2人で分配する旨の遺言を作成するのも一つの方法でしょう。

○ 世の中さまざま

　先妻の子とは疎遠な関係でしょうが、連絡を取ってその人とどういう人間関係を築いていくかを考える場合もあります。難しいところですが、父とその子の関係（お互いの感情など）がどのような状態であるかがポイントです。

　案外率直な話し合いができることもありますので、遺言完成前に（案の段階で）会って話し合うとスムーズに進む場合もあります。基本的な権利関係を理解した上で、お互いに信頼関係を深める方向で話を進められるかどうかが鍵となるでしょう。

　もめることが予測できる場合は、「連絡を取らずに」遺言を作成する方がよいこともあります。

いらない不動産

いらない不動産

　親が田舎にいて子はすべて都会に出て独立しているケースが増えています。土地や建物の多くは「経済的には」無価値で、親が亡くなっても不動産を相続したい人がいなくて困ります。田畑を隣の農家に「あげる」と言っても「うちの分で精いっぱい」と断られます。資産価値のない空き家は、市町村から「撤去」を求められる場合もあります。何かよい方法があるでしょうか。

　市町村への寄付が考えられますが、市町村はまず受け付けません。現金なら別ですが、市町村はその土地に固定資産税を課しています。寄付を受けたら税収は減り、管理コストもかかって大変です。例外は、たまたまその土地を何かに使う計画がある場合です。こんなことはまれです。

相続放棄しても管理責任は免れない

　民法239条2項には「所有者のない不動産は、国庫に帰属する」とあります。相続人全員が「相続放棄」すれば所有者がいなくなり、国庫に帰属することになりそうです。これ自体は間違いではありません。

　ただし、相続人全員の相続放棄が認められても、所有権のない不動産が自動的に国庫へ帰属するわけではありません。不動産は依然として「被相続人」名義なのです。固定資産税の支払い義務はなくなりますが、代わりに誰かがその不動産の管理を行う時点まで「相続財産の管理責任」が発生します（民法940条）。

相続財産管理人

　このようなケースで相続財産の管理責任を負う相続人は、家庭裁判所に「相続財産管理人」の選任申立てを行い（民法952条1項）、相続財産の管理責任をその管理人に引き継ぐことができます。ただし予納金等（数十万円〜100万円程度）が必要で、管理が長引けばさらに費用がかさみます。結局、固定資産税より高くつき、見送られるケースが多いようです。

第4章

結婚・離婚と親子関係

婚姻と戸籍①

66「入籍しました！」は本当？

○「入籍」って本当？

　若い女性芸能人がうれしそうな表情で「今日入籍しました」と記者会見している様子がテレビで放映されることがあります。「今日婚姻届を出しました」より、かっこいいのか重みがあるのか知りませんが、あまのじゃくな私は「本当？」と思ってしまいます。

　婚姻（結婚）するときに出す届けは「婚姻届」であり、「入籍届」ではありません。「戸籍法」も「婚姻」と「入籍」は分けて扱っています。婚姻後の氏は夫と妻、どちらの氏を名乗ってもかまいません。

　このとき、夫の氏を名乗ることを選択した場合、戸籍筆頭者は夫になります。反対に、妻の氏を名乗る場合、戸籍筆頭者は妻となります。本籍地も決めなければなりませんが、どこにでも自由に決めることができます。

　日本では婚姻に際して夫の姓（氏）を名乗る方が96%を占めますからその前提で考えてみます。

○「婚姻届」を出すと

　「婚姻届」を出すと普通は夫も妻もその親の戸籍から出て、新たな戸籍が編製されます。やっかいなのは「戸籍」の記載です。

　現在の「戸籍全部事項証明書」では、「身分事項」に「出生」「婚姻」

と書いてあるだけですが、以前の様式の「戸籍謄本」では夫も妻も「○○（通常は父）戸籍から入籍」と書いてあります。ただし、初めのほうに「婚姻の届出により夫婦につき本戸籍編製」と書いてあります。

○「入籍」とは？

「入籍」とは、すでにある誰かの戸籍に新たに入ることです。養子縁組をして養親の戸籍に入る場合、離婚した（戸籍筆頭者である）夫の戸籍に（結婚して）入る場合、「分籍」して（戸籍筆頭者となった）夫と結婚する場合、離婚した夫婦の子が「氏」を変更して父の戸籍から母の戸籍に入る場合などがあります。

したがって、「結婚しました」が「入籍しました」で間違いではない場合もあります。でもみんながみんな「入籍しました」と言うのは「？」です。

○ 民法改正

民法の家族法部分（第4編親族、第5編相続）は、日本国憲法（とりわけ24条）に基づき、1947（昭和22）年に全面改正されました。その大きな特徴は、明治以来の「家制度」を廃止して、男女の平等を徹底したことであり、家族を夫と妻、親と子、親族相互の個人と個人の権利義務関係として規定し、個人を基礎に置いたことです。

「今日入籍しました」発言は、その意図はともかくとして、「婚姻届を出して正式に戸籍上も夫婦になった」という意味で「入籍」という表現を使ったのかもしれません。しかし、無意識に「家制度」の名残を引きずっている可能性もあります。

4 婚姻と戸籍②

67 「準正」という制度も 見直すべきでは……

◯ 生年月日が合わない

　相続がらみで戸籍を見ているとき、「あれっ」と思いました。近藤剛さんと昌子さんは昭和33年6月に結婚しています。ところが長女のぞみさんは昭和24年11月生まれです。結婚の約9年前に生まれています。養子縁組の記載はありませんし、認知の記載もありません。

　「何か事情があったのだろう」とあまり気に留めていなかったのですが、必要があって別の戸籍を見て以下の事情がわかりました。

◯ 離婚と再婚

● 近藤剛さんを中心に整理します。

- 昭和24年に昌子さんと結婚、長女のぞみさん出生
- 昭和25年、離婚
- 昭和27年、竹田房江さんと結婚
- 昭和32年、離婚
- 昭和33年、再度昌子さんと結婚し翌年長男勇さんが出生して現在に至る

● 結婚し、離婚する。その後同じ人同士が再婚する。特に驚くことでもありません。夫婦と二人の子の関係にも何も問題はありません。

近藤剛さんのケースはちょっと複雑ですが、あり得ることですし、こ

156

ういう例を見たこともあります。

　先の戸籍の剛さんの欄をよく見ると、「昭和27年竹田房江と婚姻」の記載に続けて、「竹田房江同籍洋子を認知、昭和28年11月」と記されています。洋子さんについてはそれ以上の記載はありません。今回のケースは昌子さんが相続人であり、剛さんも房江さんも相続には関係がありませんでした。したがって、房江さんの婚姻前の戸籍は取得せず、確認はできていませんが、洋子さんの記載があるはずです。

◯ 認知準正と婚姻準正

　剛さんと房江さんの婚姻前に生まれ、婚姻後認知された洋子さんのケースを「認知準正」と言います（民法789条2項）。父による認知後父母が婚姻した場合を「婚姻準正」と言います（民法789条1項）。いずれにしても、父による認知と父母の婚姻によって「嫡出子の身分を取得する」ということです。

　「準正」は「嫡出子＝婚内子」「非嫡出子＝婚外子」に法的、社会的に差別があることを前提にした制度であり、日本以外の多くの国には「準正」という制度自体がありません。2013（平成25）年12月の民法一部改正によって婚外子の相続差別がなくなった現在、「嫡出子」「準正」という制度自体を見直す必要があるのではないでしょうか。

◯ 洋子さんの戸籍

　洋子さんは剛さんと房江さんの「準正」による嫡出子ですが、剛さんの戸籍には記載されません。実は、竹田房江さんを筆頭者とする戸籍に洋子さんだけが残っているのです。嫡出子となったから自動的に剛さんの戸籍に入るわけではなく、市町村役場に「子の氏の変更」を届出れば剛さんの戸籍に入ります。この場合、父母が婚姻中なので家裁の許可（審判）は不要です。戸籍はややこしいですね。

多様化する家族①

68 血縁関係のない親族 「ステップファミリー」

○ 増える離婚

婚姻件数：63万5,000組、婚姻率：5.1 （人口1,000対）

離婚件数：22万6,000組、離婚率：1.81 （人口1,000対）

※厚生労働省「人口動態統計　2015年」

単純比較では、婚姻件数：離婚件数の比はほぼ3：1ですが、これは結婚した3組に1組が離婚しているということではありません。

また、夫婦の一方あるいは両方が再婚であるのは17万組であり、婚姻全体の26.8％を占めています。親が離婚した未成年の子は22万9,000人、10.52（20歳未満人口1,000対）となっています。

○ 多様化する家族のあり方

ステップファミリーとは、離婚・再婚によって血縁関係のない親子関係が1組以上含まれる家族関係のことを言います。言い換えると、再婚する男女のどちらか（あるいは両方）に子どもがいる場合（すなわち、子連れ再婚）の家族のことです。前婚が法律婚の場合も事実婚の場合もあります。また、離婚した場合と死別した場合があります。

結婚・離婚・再婚については、さまざまなケースを取り上げていますが、ここでも少し考えてみましょう。

○ 厚労省調査

ちょっと古いですが、厚労省が2006年に発表した結果です。

㋐離婚経験者が5年以内に再婚した割合（1997年～2002年）

- 男性……30%　女性……27%

㋑婚姻（結婚）した男女のうちどちらかまたは両方が再婚だったケース

- 25.3%（1980年の調査では12.7%）
- 上に示したように2015年ではさらに増えて26.8%となっています。
- 結婚する4組に1組が再婚だということです。

　このうち何割が子連れ再婚だったかは明らかにされていませんが、再婚の割合が増えているということはステップファミリーも増えていると考えてよいでしょう。

○ 初婚家族との違い

　初婚でも「生まれも育ちも違う」者同士が一緒に生活することになるのですから、戸惑うことが起きることは当然考えられます。再婚の場合はその可能性はもっと大きくなります。ましてや「子連れ再婚」となると、何も問題が発生しない方が珍しいと覚悟しておいた方がよいでしょう。

　それでも結婚する当人同士は「自らの意思」で選択しますが、子どもは離婚も再婚も自分の意思で決めたことではないので、ストレスやトラウマがあるのが普通です。また、「生活習慣の違い」も大きな問題になります。

※「子連れ再婚」「ステップファミリー」については、わかりやすく役に立つ本が出版されていますので参考にしてください。

4

多様化する家族②

69 子は親の付属物では ありません

○ ステップファミリー

　日本では結婚の４組に１組が再婚と言われています。過去の結婚で子どもがいて、再婚で結ばれる家族を「ステップファミリー」と呼びます。ステップファミリーのステップ（step）は、接頭辞で、「継」という意味です。継父、継母、「ままはは」などの「継」です。

○ さまざまな形

　ステップファミリーにもさまざまな形があります。そして、それぞれに考えなければならない特有の事情（問題点）があります。これらは今回のテーマではありませんので、別の機会に譲ります。

(1)夫のみに子がある場合で、妻が初婚の場合と再婚である場合。

(2)妻のみに子がある場合で、夫が初婚の場合と再婚である場合。

(3)夫婦双方に子がある場合。

(4)(1)～(3)で、元の配偶者と死別した場合と離婚した場合。

(5)(1)～(3)で、法律婚であった場合と事実婚であった場合。

○ 養子縁組

※(1)(2)で、法律婚であった場合→再婚（法律婚）

このケースでは「婚姻届」だけ出して、「養子縁組届」を出していない方がよく見受けられます。この場合、夫の子は妻の子とはなりません。逆も同じです。一番誤解が多いケースと言えるでしょう。

意図して（意識的に）「養子縁組」しない場合はよいのですが、「親が結婚したのだから、子も当然親子」と思っていると後で問題が起きる場合があります。子が60代になってから気づいてあわてて「養子縁組」された実例がありました。

※(3)で、法律婚であった場合→再婚（法律婚）

夫の子は夫の子であり、妻の子は妻の子です。自動的に夫婦の子となるわけではありません。子が成人である場合、全員ではなく特定の子とのみ「養子縁組」される方もあります。

○ 離婚のとき

夫の姓を名乗っていた夫婦が離婚すると、子は夫の戸籍に残ります。元妻は結婚前の戸籍に戻るか新しい戸籍を作ります。

(1)子を母親の戸籍に入れるときは、家庭裁判所の許可が必要です（民法791条1項）。母親が親の戸籍に戻っている場合は新しく戸籍が作られます。

(2)元妻が新しい戸籍を作り、未成年の子の親権者になっているが、子は父親の戸籍に残っている場合。父親が再婚しようとすると「子が邪魔」になるときがあります。このときも(1)の手続きをします。子が15歳未満である場合は、法定代理人（親権者である母親）が手続きをします（民法791条3項）。

(3)子が成人である場合は「分籍」して自分だけの戸籍を作ることもできます。これにもいくつかのパターンがありますが、煩雑になりますので別の機会に譲りましょう。

70 多様化する家族③

ステップファミリーの例

● ケース１……初婚の夫と子連れの再婚の妻

　前園雄二さんは24歳、独身です。職場の先輩である市田朋子さんに一目惚れして猛アタックしました。朋子さんは３年前に夫と死別して、１年生の長女と４歳の二女を育てながら働いていました。朋子さんは32歳であり再婚する気はありませんでした。

　しかし半年にわたる雄二さんの真剣でまじめな求婚と、二人の子どもが雄二さんになついていたことから、ついに再婚を決意しました。

　それからが大変でした。８歳年上で二人の子連れであること、雄二さんは初婚であることから、雄二さんの親兄弟の大半は反対、朋子さんの母親も反対、職場の上司や関係者もほとんどが反対という中でまじめに付き合う二人に対して応援してくれる人も現れ、新学期に合わせて婚姻届を出し、反対していた関係者も出席して結婚式を挙げたのです。

　長女の学校のことも考えて市田姓を選ぶことも考えましたが、話し合いの結果、前園姓を選びました。婚姻届と同時に養子縁組届も提出し、前園雄二、朋子夫妻と二人の子というステップファミリーが誕生しました。

　この養子縁組に家庭裁判所の許可は要りません（民法791条２項）。二人の子どもは15歳未満ですから、親権者である朋子さんが二人の子どもに代わって養子縁組届を出したのです（民法791条３項）。

◯ ケース２……養子縁組していなかった

　大西恵一さんには前妻との間に、晴美さん（長女）と茂夫さん（長男）の二人の子があり、親権者として育てていました。その後、川田真由美さんと再婚し大西を名乗ることにしました。

　再婚後、恵一さんは真由美さんと共同で住宅を購入し、４人で暮らしていました。住宅は持分各２分の１です。夫妻には長女利子さん、長男紀行さんが生まれ、やがて晴美さん、茂夫さんは独立していきました。紀行さんも独立しました。

　利子さんが岸本正司さんと結婚したのを機に、大西恵一・真由美夫妻は長女夫妻と同居することにして引っ越しました。元の家はしばらくそのままにしていましたが、今は長男である大西茂夫さん夫妻が住んでいます。

　このたび、その家を茂夫さんに贈与するということになり「相続時精算課税制度」を利用しようと思い、調べてみると真由美さんと茂夫さんは養子縁組していないことが分かりました。父恵一さんの持分である２分の１に対してはこの制度が使えますが、継母真由美さんの持分に対しては使えません。

　真由美さんと茂夫さんが養子縁組すればこの制度を使うことができますが、贈与税対策のためだけに養子縁組するというのは考え物です。関係者でよく話し合って結論を出すべきでしょう。

　なお、大西恵一さんには長女が二人、長男が二人います。ステップファミリーの場合にはこんなことが起きます。

多様化する家族④

71 親の再婚で子が姓を変えたくないとき

4

○ 彼女は子連れ

　上山篤史さんは鈴木聡美さんと結婚することになりました。彼は初婚ですが、聡美さんは再婚で8歳の息子浩平くんがいます。聡美さんは離婚して3年経っています。最近こんなケースが増えています。

　二人は「上山」姓を選びました。戸籍は、筆頭者：上山篤史、配偶者：聡美となります。浩平くんは「婚姻により除籍」となった鈴木聡美さんを筆頭者とする戸籍に残ります。母が結婚しただけでは、子と母の配偶者とは法的な親子関係にならないのです。法的な親子関係になるには、上山篤史さんと鈴木浩平くんが「養子縁組」する必要があります。

○ 養子縁組で法的な親子に

　「養子縁組」には、前提として、養親となる上山篤史さんと養子となる鈴木浩平くんの「合意」が必要です。浩平くんは15歳未満ですから、親権者である聡美さん（浩平くんの法定代理人）の「承諾」が必要です（民法797条1項）。未成年者を養子にするときは原則として家庭裁判所の許可が必要ですが、配偶者の子であればそれは不要です（民法798条）。

　この場合、市役所などに「養子縁組届」を出すだけで済みます。これにより、筆頭者：上山篤史、配偶者：聡美、養子：浩平という戸籍ができます。浩平くんは、法的に「実子」と同じ扱いになります。

164

なお、浩平くんの実父との親子関係は消えません。相続権もそのままです。浩平くんには2人の父親がいることになります。

「鈴木のままがいい」

　浩平くんが15歳以上であれば、上山篤史さんとの養子縁組に親権者の「承諾」は不要です。当事者間の「合意」だけで届けを出せます。

　母の結婚には賛成の浩平くんが、自分は「鈴木のままがいい」と主張するとどうなるでしょう。養子は養親の姓を称することになっています。上山篤史さんと鈴木聡美さんが「上山」姓を選択し、篤史さんと養子縁組すれば浩平くんも「上山」姓にならざるを得ません。

○ 両親が「鈴木」姓になる方法

　方法の一つは、上山篤史さんと鈴木聡美さんが「鈴木」姓を選択することです。養子縁組した浩平くんも「鈴木」のままです。戸籍は、筆頭者：鈴木聡美、長男：浩平、配偶者：篤史となります。そして浩平くんと篤史さんの欄に「養子縁組」した旨が記載されます。

　もう一つは、鈴木聡美さんの両親が「鈴木」姓で健在の場合、まず上山篤史さんが鈴木聡美さんの両親と養子縁組して「鈴木篤史」になり、その上で婚姻届と養子縁組届を出す方法です。これは、筆頭者：鈴木篤史、配偶者：聡美、養子：浩平という戸籍になります。

○ 養子縁組しないという選択

　もう一つは「養子縁組しない」という選択です。上山篤史さんと鈴木聡美さんが結婚して「上山」姓を選んだ場合、冒頭に書いたように浩平くんは「鈴木」姓のまま元の戸籍に残ります。「家族」になっても篤史さんと浩平くんに親子関係はなく、「配偶者の子」すなわち姻族1親等です。

　この場合、篤史さんの相続だけを考えるなら、遺言書を書く、または死因贈与契約を結ぶという方法が考えられます。

離婚と戸籍①

72 離婚のときも 親と子は別

◯ 電話相談

　ある日、「近く夫が退職するが健康保険や年金をどうすればよいか」という相談の電話がかかってきました。「これは私の仕事ではないけれど」と思いながらしばらくお話を聞いていました。ところがどうも話がかみ合わないので、よくお話を聞いてみると「離婚」が絡んでいました。そうなると話が変わってくるので、電話ではなく面談でご相談することになりました。

◯ 成人した娘がいる

　ご家族は、山下悟郎さんと妻夏江さん、一人っ子の茜さん（25歳）の3人です。今回は離婚協議のことはさておいて、離婚にまつわる戸籍のことを考えてみましょう。ご夫婦は離婚することについてはほぼ合意していて、茜さんも反対はしていません。

◯ 婚氏続称

　山下夏江さんの旧姓は「木本」ですが、夏江さんは「婚氏続称」で、山下を名乗り続けるつもりです（民法767条2項）。そうすると、離婚後の戸籍は次のようになります。すなわち、茜さんは父である山下悟郎さんの戸籍に残り、夏江さんだけ新しい戸籍が編製されます。

A……筆頭者：山下悟郎、配偶者：夏江（離婚により除籍）、長女：茜

B……筆頭者：山下夏江

○ 子が未成年の場合

　離婚に関する本には、必ずと言っていいほど「未成年の子」の「親権」「養育費」の説明があります。さらに、戸籍を母の方に移す場合、「子の氏の変更許可申立書」を家庭裁判所に提出し許可を得ることが必要であると書いてあります。

　今回の場合、茜さんは成年なので「親権」「養育費」は問題になりません。それでは、戸籍はどうなのでしょうか？　私が見る限りではそれに触れた本もネット情報もないようです。

○ 子が成年の場合

　子が成年でも両親が離婚した場合、父の戸籍から母の戸籍へ移るには家裁の許可が必要です。「子の氏の変更許可申立書」を出し許可の審判を得て母の戸籍への入籍届をします。

　今回とケースは違いますが、親が婚姻中の場合は別で、親が養子になる縁組をするとき、子の氏の変更は家裁の許可は不要で市町村への入籍届だけで済みます。

○ 身分事項

　養子縁組などを「身分事項」と呼ぶことがあります。これは単なる「届」だけでなく、今回の場合で言えば、茜さんの意思を尊重しなさいよということです。茜さんは、父の戸籍に残ってもいいし、母の戸籍に移ることもできる、あるいは分籍して自分だけの戸籍を作ることもできます。親の都合だけでなく茜さん本人の意思を尊重することが大切だということです。

4

離婚と戸籍②

73 旧姓に戻るのが
原則だが婚氏続称も自由

○ 婚氏続称

　前項で、離婚しても旧姓に戻らないケースを取り上げました。これを「婚氏続称」と言います。「旧姓に戻る」とか「旧姓に戻らない」とか言いますが、ここで一度立ち止まって、少し整理しておきましょう。

○ 離婚したら

　結婚して、「氏」（＝姓＝苗字）を変えた人が離婚したら、以前の「姓」に戻るのが原則です（民法767条1項、771条）。前回の例で言えば、山下悟郎さんと離婚する夏江さん（旧姓：木本）は、木本夏江に戻るのが原則だということです。でも夏江さんは「山下夏江」を名乗り続けることにしましたね。

　社会的に長年使ってきた「姓」を変更すれば、いろいろと支障もあるでしょう。そんなときは、離婚から3か月以内（離婚と同時でもよい）に、市区町村に「離婚の際に称していた氏を称する届（婚氏続称届）」を出せば、結婚していたときと同じ「姓」を名乗ることができます（民法767条2項）。夏江さんはこの「届」をしていたわけです。

　この「届」に元夫の許可・了解は要りません。元夫だけではなく、元夫の親を含め、誰も異議を申し立てることはできません。すなわち、夏江さんは自分の意思で、自由に「山下」を名乗り続けることができます。

168

○ 3か月経ってしまった！

離婚の際、何らかの事情で「婚氏続称届」を出さず、通称で「山下夏江」を名乗っているうちに3か月をすぎてしまったということもあります。「しまったと思ってももう遅い！」ことはありません。

こんなときは、家庭裁判所の許可を得ればOKです（戸籍法107条1項）。難しいことはありません。けれども「婚氏続称届」は「離婚届」と同時に出すほうが、手間暇がかかりません。

○ 再度の変更

「婚氏続称届」をして、「山下」になってから、「やっぱり木本の方がいい」と思った場合も「届出」では変更できません。変更は、家庭裁判所に申立てて「特別な事情がある」と判断された場合に限られます。このことを知った上で、よく考えて、どちらを選ぶか判断しましょう。

○ 子どもは？

何回も言います。「子」は「親」とは別です。茜さんが未成年で夏江さんが長女である茜さんの「親権者」になったとしても、茜さんは山下悟郎さんの戸籍に長女として残っています。茜さんが成年である場合も同じです。これは夏江さんが、「山下」を名乗り続けようと「木本」に戻ろうと同じです。

茜さんを夏江さんの戸籍に入れようと思えば、前項で説明したように、家庭裁判所に「子の氏の変更許可申立書」を提出して許可を得なければなりません。

4

離婚と戸籍③

74 離婚しても子は 元の戸籍に残っている

○ 旧姓に戻らない場合

　福井順二さんと啓子さん（旧姓：大島）が離婚することになりました。二人の間には長女美晴さん（12歳）がいます。話し合いで、美晴さんは啓子さんが引き取り、親権者・監護者になることになりました。

　啓子さんは、離婚しても大島には戻らず、福井を名乗り続けようと思っています。この場合の戸籍は、

㋐筆頭者：福井順二、配偶者：啓子（離婚により除籍）、長女：美晴

㋑筆頭者：福井啓子

の二つになります。

○ 同じ福井だけれど

　啓子さんと美晴さんは、どちらも「福井」で、住民票も同じです。でも考えてください。世間には同じ苗字の他人がたくさんいます。二人はこれと同じで、見かけは同じ「福井」でも「戸籍」が違うのです。

○ 母の戸籍に移す

　この場合、前回書いたように、家庭裁判所に「子の氏の変更許可申立書」を提出すれば、簡単に許可の「審判」が出ます。その上で、市役所など

に子の「入籍届」を出せばよいのです。

　ここが、一般の方に理解されにくいところです。「福井」から「福井」になるのに、なぜ家庭裁判所の許可が要るの？というわけです。ここは、「福井①」から「福井②」に移る、と考えてみたらどうでしょうか。

　いずれにしても、この手続きを経て、

　　㋐筆頭者：福井順二、配偶者：啓子（離婚により除籍）、長女：美晴（母の戸籍に入籍につき除籍）、

　　㋑筆頭者：福井啓子、長女：美晴

　の二つの戸籍ができます。

○ 旧姓に戻ったが

　先の例で、啓子さんが旧姓の大島に戻り、美晴さんも母の戸籍に移り大島になった場合のことを考えてみましょう。美晴さんが18歳になり、「やっぱり父と同じ福井になりたい」と思った場合は、もう一度、家庭裁判所に「子の氏の変更許可申立書」を提出して許可されれば、父の戸籍である「福井」に戻れます（民法791条1項）。

　美晴さんが成人した場合は扱いが変わります。20歳になれば、家庭裁判所の許可は不要で、届出だけで「福井」に戻れます。この場合、

　　㋐父である福井順二さんの「戸籍」に戻る方法

　　㋑自分を筆頭者とする「新しい戸籍」を作り、福井美晴になる方法

　があります。

　ただし、これは20歳になってから1年以内に限り認められていますから、届出期限に注意しましょう（民法791条4項）。

4

離婚と戸籍④

75 子を母親の戸籍に移したい

◯ 子は父の戸籍に

　離婚した場合、子は父の戸籍に入っているのが一般的です。

　松嶋友香さんは離婚して、3歳の一人娘彩乃さんを育てています。これは子の監護者が母であることを示していますが、それ以上のことはわかりません。親権者は母である松嶋友香さんだけれど、戸籍は父である長岡満さんのもとにある場合が、多く見受けられます。

◯ 母の戸籍に移す

　松嶋友香さんは、吉井恵一さんとの結婚を考え、彩乃さんを自分の戸籍に移そうと思っています。この場合は、家庭裁判所に「子の氏の変更許可申立書」を提出すれば、簡単に許可の「審判」が出ます。その上で、市役所などに子の「入籍届」を出します。

　ただ、親権者が父である長岡満さんであるときは、母側から「審判」の申立てができず、もうワンステップ必要です。親権者である長岡満さんからこの「審判」の申立てをしてもらうか、「親権者変更の審判」を先にして、その許可を得てから先と同じように、「子の氏の変更許可」申立てをし、それから「入籍届」を出します。

172

○ 婚姻ならびに養子縁組

ここから先は、これまでの説明と同じです。もっとも、3歳では先の鈴木浩平くんのように「鈴木のままがいい」とは言わないでしょうけれども（165ページ参照）。いずれにしても、「子連れ再婚」は大変です。

○ 男性が子連れ

ここまで、子連れで再婚するのは「女性」であるケースを考えてきましたが、男性が子連れで再婚するときも、基本的には同じです。

ただ、婚姻に際して、男性の「姓」を選択する割合が高い、子が男性の戸籍に入っている場合が多いなど、女性が子連れの場合よりも若干ハードルが低いかもしれません。しかし、これは「法的な問題」に限っての話で、社会的な関係ではどちらがどうとは言えません。

4

離婚と戸籍⑤

76 再婚した母の 「姓」を名乗りたい

○ 17歳の息子

　島田博史くんは17歳の高校生で、11年前に離婚した母、島田優実さん（41歳）と暮らし、母の戸籍に入っています。最近、母が9歳年下の加藤信也さんと付き合っています。博史くんは、信也さんを兄のように慕っていて、母と信也さんが結婚することに大賛成です。

　でも、信也さんと博史くんは15歳差で、「兄貴」とは思えても、「父親」となると違和感があります。

○ 養子縁組しない

　世間には、こんな関係で養子縁組するケースはたくさんあります。自分より年上の人を養子にすることはできませんが、成年であれば「養親」になるのに大きな障害はありません。極端な場合、自分より1日でも年下であれば「養子」にすることができます。

　しかし、博史くんは「養子縁組しない」という選択をしました。母も信也さんも博史くんの判断を尊重してくれています。

○ 自分も加藤になりたい

　島田優実さんは、結婚すれば「加藤」姓にするつもりです。博史くんは、

174

養子縁組はしないが、母とは同じ苗字を名乗りたいと考えています。さて、どうしたものでしょうか？

養子縁組しなければ、博史くんは、筆頭者：島田優実（婚姻により除籍）、長男：博史として、自分一人だけの戸籍（「島田博史」）になります。

◯ 強い味方……「子の氏の変更許可」の申立て

こんなとき、強い味方になるのが、家庭裁判所です。博史くんは15歳以上ですから自分の判断で家庭裁判所に「子の氏の変更許可」の申立てができます（民法791条1項）。裁判所は、「子の福祉」を基準に審理し、許可の審判を出します。審判が出れば、市役所などに届け出て、筆頭者：加藤信也、配偶者：優実、配偶者の子：博史となります。これでめでたく、加藤博史が誕生したわけです。

ただし、加藤信也さんと博史くんには「親子」関係はありません。それではいったいどういう関係なのでしょうか？　簡単に言うと、事実上の「家族」で「親戚」です。配偶者の子で、姻族1親等となるからです。

4

離婚にまつわる諸問題①

77 婚姻関係の終了で 何が変わるか

　すでに説明したこともありますが、ここで離婚にまつわる諸問題を整理しておきましょう。

◯ 婚姻関係の終了

　離婚したのだから婚姻関係が終了するのは当然ですね。その結果は次のように整理できます。

⑴再婚の自由

　民法に「重婚の禁止」規定がありますが、離婚したのだからもはや「重婚」は問題になりません。ただし、第１章でふれたように女性に限り「再婚禁止期間」の制約があります。

⑵姻族関係の終了

　婚姻によって生じた姻族関係は、離婚によって当然に終了します（民法728条１項）。ここが「死別」と違うところです。「死別」の場合は、姻族関係を継続するか終了するかを選択できます（同条２項）。

⑶夫婦の氏

　婚姻によって「氏」を改めた配偶者は婚姻前の氏（旧姓）に戻ります（民法767条１項）。ただし、婚姻中の氏を継続することもできます。これ

176

は離婚の日から３か月以内に市町村役場の戸籍係に届けるだけで済みます（同条２項）。実際問題としては、「離婚届」と同時に届出ます。最近では約４割の方が「復氏」せずに「婚氏」を継続しています。

それでは、「婚氏続称」を選択した方が、その後の事情の変化により婚姻前の氏（姓）に戻りたいという場合はどうなるのでしょうか。安心してください。「やむをえない事情」があれば、家庭裁判所の許可を得て氏（姓）の変更ができます（戸籍法107条１項）。この「やむをえない事情」というのもあまり厳しく判断されないようです。また、「何年以内」という制限もありません。

たとえば、「野中（旧姓）→〈結婚〉友田→〈離婚〉友田（10年以上経過）→（家庭裁判所の許可）野中」という具合です。

⑷相続は？

「死別」の場合は配偶者間で「相続」が発生しますが、当然のことながら「離婚」の場合は発生しません。ただし子がある場合、その子は「親権者」いかんにかかわらず、両親に対して「推定相続人」となります。

岸下健一、美奈子（旧姓：大木）夫妻が離婚し、美奈子さんは復氏し大木美奈子となりました。子：由佳里さんの親権者は美奈子さんとし、戸籍も大木に変更しました。その後美奈子さんは佐藤祐三さんと再婚して佐藤美奈子となり、由佳里さんは祐三さんと養子縁組しました。

このケースでは、佐藤由佳里さんは実父：岸下健一、実母：佐藤美奈子、養父：佐藤祐三の３人の推定相続人です。

○ 親子の縁を切る？

夫婦は離婚によって「縁を切る」ことができますが、「親子の縁を切る」ことはできません。子は祖父母と「親族関係」を終了することもできません。旧民法には「勘当」（正しくは「離籍」）の制度がありましたが、現行民法にはありません。ただし、養子縁組の場合は「離縁」ができます。

4

離婚にまつわる諸問題②

78 財産分与、慰謝料、子の親権などは

○ 財産分与

　財産分与とは、夫婦の協力によって築き上げた共有財産を、離婚に際して精算することです。名義のいかんにかかわらず、婚姻後に夫婦の協力によって取得した財産が対象です。金額の大小は問いません。また、将来の退職金を対象として考慮することもあります。

　財産分与は、当事者の協議が調わないときは家庭裁判所の審判によって決められます（民法768条2項、771条）。夫婦共働き、専業主婦を問わず夫婦平等の見地から原則として2分の1とするケースが増えているようです。ただし、医師・タレントなど、特別の事情があるときは修正されることがあります。

○ 慰謝料

　離婚されたこと自体を原因として生じる精神的損害の賠償のことを「離婚慰謝料」と呼び、「有責配偶者」が支払いますが、必ず慰謝料が発生するというものではありません。また、慰謝料には相場のようなものがあり、ケース・バイ・ケースですが、だいたい200万円前後、最高でも500万円程度と思ってください。よくマスコミで話題になる芸能人の離婚に当たっての「慰謝料○○億円」というのはきわめて例外的なケースです。この場合でも、裁判になればそのような高額になることはまずありません。

○ 子の問題

⑴親権者・監護者の決定

　未成年の子がいる場合、離婚に際し父母の一方を親権者に定めなければなりません（民法819条１項、２項）。親権者になったほうが子を引き取って監護・教育をする場合が多いのですが、親権者と監護者が別々になる場合もあります（民法766条１項）。

　普通、親権者は「協議」で決めますが、協議が調わない場合は家庭裁判所が「審判」で決めます（民法819条5項）。現実には、母親が親権者になる割合が約8割を占めます。両親の離婚を経験する子は最近では毎年25万人くらいいます。したがって、離婚する夫婦のことだけでなく、「子の問題」をどう解決するかが重要になっています。

⑵面会交流権

　親権者・監護者でない親（別居親）が、子と会ったり、手紙や電話で交流する権利を面会交流権と言います。

　これは、子育てに関わる親の権利・義務であると同時に、親の養育を受ける子の権利でもあり、両者の利益が対立する場合には、子の利益を第一にすべきであると考えられています（民法766条１項）。これについても、協議が調わないときは、家庭裁判所が審判で決めることになります（同条2項）。

⑶養育費

　離婚しても親であることに変わりはありませんから、別居親も子を扶養する義務があります（民法766条１項）。これは親権の有無とは関係がなく、親権者である親と親権者でない親との間に差異はありません。

　ただし、離婚後親権者である親（母親が多い）が再婚し、再婚相手が子と養子縁組をした場合には、養親が第一次的な扶養義務者になります。

4

79 「死後離婚」？
配偶者が死亡

○ DV（家庭内暴力）で離婚を決意したが、夫がガン末期

　小出五月さん（旧姓：永野）は夫小出浩さんとの離婚を考えていました。五月さんへのDVだけでなく、高校生の長男への暴力もあったからです。DVはいつもあるわけではなく飲酒後がひどく、普段は優しいところもあるので「私さえ我慢すれば」と思っていました。また長女には手を出しませんでした。

　ある日酔っぱらった夫が長男を殴りつけ、長男も反撃しました。体力のある長男は夫に負けていません。五月さんはこのままでは夫と長男のどちらかが「殺人者」になりかねないと思って、いよいよ決意を固めました。

　ところが、医者嫌いの夫が「体調が悪い」と受診したところ、ガン末期で手術もできず即入院となりました。五月さんは「こんなときに離婚を切り出せない」と思って夫の看病を続けましたが、数か月後に夫が亡くなりました。五月さんと夫の親兄弟との関係もよくなく、葬儀やお墓のことでゴタゴタが続きました。

○「死後離婚」

　五月さんはどこかで「死後離婚」ということを聞いたことがあるので、そんなことができるのだろうかと調べてみました。答えは「夫婦関係は

配偶者が死亡した時点で法律上当然終わるので離婚届を出す必要はない」「死後離婚という制度はない」ということでした。

○ 死亡による婚姻の解消

配偶者の死亡による婚姻解消の場合は離婚の場合と扱いが異なります。

(1)生存配偶者が婚姻によって氏を改めた者である場合、そのまま婚姻中の氏を称するか、婚姻前の氏に復するか自由に選択できます（民法751条1項）。

(2)姻族関係は当然には解消しません。「姻族関係終了届」を出すことによって終了します（民法728条2項）。

(3)婚姻中の氏を称しながら姻族関係を終了させたり、婚姻前の氏に復しながら姻族関係を存続させることもできます。姻族関係を存続させながら再婚することもできます。

(4)死亡した配偶者の親族側からは生存配偶者との姻族関係を終了させることはできません。

(5)上記はいずれも相続関係とは別問題で、氏をどうするか、姻族関係をどうするかにかかわらず、相続は発生します。

○ 五月さんの選択

(1)五月さんは復氏して永野五月に戻り、「姻族関係終了届」を提出して夫の親兄弟との縁も切りました。これを俗に「死後離婚」と呼ぶのでしょうか？

(2)一方、長女・長男は夫の戸籍に残り、小出を名乗り続けることにしました。しかし、世帯主は永野五月さんです。

なお、長女・長男は「戸籍」の選択にかかわらず「姻族関係」を終了させることはできませんし、相続関係も変わりません。つまり、祖父母等と「縁を切る」ことはできないのです。

不受理申出書

離婚届

　木島貴子さんはうつ病を患い、夫と別居して実家で療養しています。その間に離婚話が持ち上がり、「離婚届」に判を押してしまいました。しかし、貴子さんは最近、「夫とやり直したい。病気を治して、また家族と暮らしたい」と思うようになりました。

　離婚届は夫が持っていますが、子どもがいるので役所に提出するのをためらっているようです。

離婚したくない

　いったんは離婚届に署名押印したとしても、届け出前に「離婚の意思を撤回」した場合、離婚は無効になります。

　でも夫が離婚届を出してしまうかもしれません。書類に不備がなければ、役所は離婚届を受理します。夫婦間の合意の上でなければ離婚は無効ですが、離婚届を役所に一度受理されてしまうと、離婚の無効を認めてもらうまでに多くの労力と時間（調停・訴訟）が必要です。

不受理申出書

　こんなときは、役所に「離婚届不受理申出書」を提出しておけば、夫が離婚届を出したとしても受理しません。貴子さんが不安に思っているのなら、とりあえず「不受理申出書」を提出しておいて、夫とじっくり話をしてみましょう。

　役所の窓口で所定の用紙をもらい、必要事項を記入後、本人が署名捺印して提出するだけです。

生活費

　別居していても夫婦には扶養義務がありますから、収入と生活状況に応じた「婚姻費用」の負担を夫に求めることができます（民法760条）。話し合いが難しい場合は、家庭裁判所の調停なども利用できます。

有効期間

　申出をした日から「不受理申出取下げ書」を提出するまで有効です。

　6か月の有効期間は2008（平成20）年5月1日からなくなりました。

申出ができる届出と申出人

●不受理申出ができる届出と申出人（以下の5種類あります）

婚姻届	夫になる人、妻になる人
離婚届（協議離婚）	夫、妻
養子縁組届	養親になる人、養子になる人（15歳未満の場合はその法定代理人）
養子離縁届（協議離縁）	養親、養子（15歳未満の場合は離縁後の法定代理人）
認知届（任意認知）	認知する人（父）

●本人が15歳未満のため法定代理人が行った申出については、本人が15歳に到達した時点で失効します。引続き不受理の意思がある場合は、本人が改めて申出書を提出する必要があります。

●申出人以外（使者、代理人）からの申出はできません。

●「不受理申出書」のことを知らないで悩んでいる方が多いようです。そんな方がいらっしゃったらぜひ教えてあげてください。

養子縁組①

80 子がある場合の
養子縁組

○ 養子縁組の相談

　妻が一人っ子で、このままだと妻方の姓が途絶えるので、妻の母と養子縁組したいという相談がありました。戸籍筆頭者：本田彰二、配偶者：美也子（旧姓：橘）、長男：一郎（独身34歳）、二男：朗（独身32歳）という方でした。

　妻の父はすでに亡くなっていて、母は橘安芸さんです。橘安芸さんと本田彰二さんが養子縁組すると、橘安芸さんの戸籍に入籍するのではなく新たな戸籍が編製されます。筆頭者：橘彰二、配偶者：美也子です。

○ 二人の子は？

　その場合、成人した二人の子はどうなるのでしょうか？　何も手続きをしなければ、二人は父の戸籍に残ったままとなります。すなわち、筆頭者：本田彰二（養子縁組により除籍）、配偶者：美也子（夫とともに除籍）、長男：一郎、二男：朗という成人した子二人だけの戸籍となります。

○ どうすればよいか？

　橘姓を残したいという趣旨ですので、長男：一郎、二男：朗の両方、

あるいは片方を橘性にする必要があります。この場合、長男、二男の意向を尊重することが大切です。親が勝手に決めてはいけません。二男だけを橘姓にし、長男は本田姓を名乗り続ける場合を考えましょう。

本籍地の市町村に、二男：朗さんを橘彰二さんの戸籍へ入籍する届けをします。子の入籍届の場合、家庭裁判所へ「子の氏の変更許可申立書」を出しますが、父母が婚姻中の場合は不要です（民法791条2項）。戸籍は以下のようになります。

A 筆頭者：橘彰二、配偶者：美也子、二男：朗
B 筆頭者：本田彰二（養子縁組により除籍）、配偶者：美也子（夫とともに除籍）、長男：一郎、二男：朗（氏の変更により除籍）

○ 長男の選択

長男：一郎さんは、分籍して自分だけの戸籍を作ることもできます。その場合は以下のようになります。

C 筆頭者：本田一郎

ここで注意を要するのは、分籍した一郎さんは元の戸籍には戻れないということです。Bの戸籍は全員除籍されたので「消除」となりますが、仮に誰かが残っていて、Bの戸籍が存在しても一郎さんはその戸籍には戻れません。

ただし、父母の姓が橘となり一郎さんは本田のままなので、Aの戸籍に入籍し、橘一郎になることは可能です。

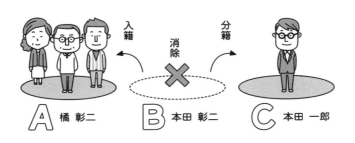

81 養子縁組②
養子縁組の効果など

養子縁組について少し整理しておきます。

○ 養子縁組の効果

(1)養子は、縁組成立の日から、「養親の嫡出子」としての身分を取得します（民法809条）。「身分」といっても、士農工商といった「身分」のことではありません。「身分証明書」の「身分」と考えていただいたらわかりやすいかと思います。法律用語としては、「身分権」「身分行為」などがあります。

(2)日本の民法では、養子縁組をしても実親との親子関係も残り、養親との二重の親子関係が成立します。

(3)養子は「養親の親権」に服します。

(4)養子は「養親の氏」を称します（民法810条）。

(5)養子は縁組の日から、養親および養親の血族との間に、血族間におけると同一の親族関係が生じます。これを「法定血族関係」といいます。

(6)ここで注意を要するのは、子のある人が養子になる場合です。この子は養親の親族にはなりません。したがって（自分の親の）養親に対する相続権もありません。

　この場合、養子の子が親族になるには、自分の親の養親と養子縁組するという方法があります。

　ややこしいので、例を挙げます。

田中太郎さんには子一郎さんがいました。太郎さんが鈴木正夫さんと養子縁組し、鈴木太郎になりました（養親：鈴木正夫）。このままでは、一郎さんは田中一郎であり、鈴木さんの親族にはなりません。

ここで一郎さんが鈴木正夫さんと養子縁組すると、鈴木一郎となり、鈴木さんの親族になって相続権も発生します。そして親である太郎さんとは法律上「兄弟」関係となります。田中一郎さんが「親の氏を名乗る入籍」をして鈴木一郎になったとしても、鈴木正夫さんとの親族関係は発生しませんので念のため。

養子縁組後に生まれた子は、養親の親族になり、当然相続権も発生します。割り切れなさを感じる方もあるでしょうが、これが日本の民法（727条）の規定です。

◯ 養子の氏の例外

先の(4)で書いたように、養子は「養親の氏」を称しますが、例外があります。夫の氏を夫婦の氏にした場合、夫が養子となれば夫の氏は養親の氏に変わり、妻の氏も当然養親の氏に変わります。しかし、妻が養子になるときは、夫婦の氏が優先され、養親の氏には変わりません（民法810条ただし書）。戸籍には養子縁組をした旨が記載されます。

4

養子縁組③

82 離婚した妻の子(養子)に相続させたくない

◯ 妻の連れ子と養子縁組した

　池田洋一さんは吉田悦子さんと結婚するとき、悦子さんの元夫との子、三郎さん、康弘さんと養子縁組しました。戸籍は筆頭者：池田洋一、配偶者：悦子、養子：三郎、養子：康弘です。洋一さんと悦子さんの間に子はありません。その後洋一・悦子夫妻は離婚し5年経ちましたが、養子縁組はそのままです。

◯ 養子に相続させたくない

　池田洋一さんは養子たちに自分の財産を相続させたくないのですがどんな方法があるでしょうか。

◯ 離縁

　最も単純明快なのは「離縁」することです。そうすると次の「遺言」のような問題は発生しません。

◯ 遺言を書く

　離縁はしないが相続させたくないという場合は、「遺言」を書きます。

188

遺言を書かないと、洋一さんの財産は2人の養子が相続します。

　洋一さんは高齢の母親の生活を考え、母親に財産を譲りたいと考えています。「母にすべての財産を遺贈する」という遺言を書けばよいでしょう。ただし、民法には「遺留分」という制度があります。

○ 遺留分

　遺留分については、第3章で触れていますが、2人の養子は遺言によって相続できない場合でも、遺留分として遺産をもらえる権利があります。今回の場合、遺留分は法定相続分の2分の1となります。養子2人が本来は法定相続分として2分の1ずつもらえたはずなので、その半分の4分の1ずつとなります。

　ただし、遺留分は「権利」ですから、請求しないと自動的にはもらえません。この請求のことを「遺留分減殺請求」と言います。

○ 母が先に亡くなったら

　洋一さんより先に母親が亡くなった場合「遺言」は効力を失います（民法994条1項）。洋一さんは母が先に亡くなった場合は財産を妹の有可里さんに譲りたいと考えています。その場合は「遺言」に、母が死亡しているときは、妹の有可里さんに遺産を譲る旨を書いておけば安心です（民法995条ただし書）。なお、洋一さんと有可里さんは二人兄弟とします。

○ 母が相続した後で亡くなったら

　洋一さんが亡くなり、母親が相続した後に亡くなった場合は、母の遺産は子である有可里さんと、孫にあたる三郎さんと康弘さんが洋一さんに代わって代襲相続します。それを避けたければ、母親にも「遺言」を書いてもらう必要があります。

養子縁組④

83 離婚した娘の夫（養子）との親子関係を解消したい

⚪ 娘の夫と養子縁組したが

　大川勝さんは二女さくらさんの結婚に当たり、さくらさんの夫となる金子史郎さんと養子縁組し、夫妻は大川史郎・さくらとなりました。ところがこのたび、史郎さんとさくらさんが離婚することになりました。二人が離婚した場合、大川勝さんと史郎さんの関係はどうなるのでしょうか。

⚪ 離婚と養子縁組は別

　娘夫婦が離婚しても、大川勝さんと史郎さんの養子縁組が当然に解消されるわけではありません。結婚・離婚と養子縁組はまったく別物です。

　大川さんは、娘が離婚したら自分も史郎さんとは無関係だから養子縁組を解消したいと思っています。この場合、「離縁」の手続きが必要になります。この手続きをしないと、史郎さんは引き続き大川史郎だし、大川勝さんと史郎さんとの間には法的な親子関係が続き、お互いの扶養義務もあります。また、大川勝さんが亡くなったときには史郎さんも大川勝さんの相続人になります。

190

◯ 離縁の種類

離縁には、「協議上の離縁」と「裁判上の離縁」があります。養親と養子が話し合って双方が合意すれば離縁の理由は問いません。市町村役場に「協議離縁届」を提出するだけです。このとき「証人」が二人必要です。

もし、史郎さんが離縁したくないと言ったら、家庭裁判所に「離縁の調停」を申し立てることができます。調停の場で合意ができれば、「調停調書」を作成して離縁できます。

通常は、協議あるいは調停による離縁が一般的でしょう。

◯ 調停が成立しないとき

調停で話し合いがつかないときは、「離縁を求める裁判」を起こすしかありません。裁判で離縁が認められるのは三つの場合です（民法814条1項）。

(1) 一方から悪意で遺棄されたとき
(2) 一方の生死が3年以上明らかでないとき
(3) その他縁組を継続しがたい重大な事由があるとき

今回の場合は、(3)を主張することになるでしょう。史郎さんとさくらさんの婚姻が解消されるという事情は大きな要素ではありますが、結局は、大川勝さんと史郎さんとの親子関係がどの程度破綻しているかで判断されます。

実は戸籍に決まった記載ルールはない

　2件続けて「孤独死」の相続案件を扱いました。お一人は80代男性（甲氏）、もうお一人は50代後半男性（乙氏）でした。両氏とも検視で正確な死亡日時が特定できず、除籍謄本の死亡日時には「平成○年○月11日頃から21日頃までの間」と記載されています。ところが住民票除票は「甲氏：○月20日」「乙氏：○月」と記載内容が違うのです。

　ふと「戸籍の記載ルールはどうなっているのだろう」と思い、「戸籍法」などを調べてみました。しかし規定が見つかりません。長年役所で戸籍係を経験された方に聞いてみました。答えは「法律上絶対にこれ」というものはなく、「わかるように記載しなさい」ということで、最終的には市町村担当者の裁量と、管轄する法務局に委ねられるそうです。

　「不詳」と記載されるのは何年も経っているケースなのでほとんど例がなく、「平成○年○月下旬頃」、「推定平成○年○月下旬」、「推定平成○年○月20日から○月31日の間」、「推定平成○年○月○日」などがあるそうです。

同時死亡の推定

　戸籍を調べていると、ご夫婦で「昭和○年○月○日推定午前○時死亡」と、同一年月日、推定同一時刻死亡の記載がありました。自然災害で亡くなったそうです。「同時死亡の推定」は民法に規定があります。

民法32条の2　数人の者が死亡した場合において、そのうちの一人が他の者の死亡後になお生存していたことが明らかでないときは、これらの者は、同時に死亡したものと推定する。

　同時死亡の推定がなされると、相続は相互に開始しません（民法882条）。しかし、他の相続関係に影響することがありますから、注意が必要です。

第5章

成年後見

5

成年後見制度とは①

84 成年後見制度以前の仕組み

2000年（平成12年）4月に民法が改正され、成年後見制度が始まりました。

※疑問①　改正されたということは、「改正前」はどうなっていたのでしょうか。

※疑問②　「成年」後見と言うからには、「未成年」後見もあるのでしょうか。

◯ 民法改正前

2000（平成12）年の民法改正前は、成年後見に対応するものとして「禁治産」「準禁治産」という制度がありました。

- 禁治産宣告……心神喪失の常況にある方（現在の「成年後見」に該当する方）については、一定の者の請求により家庭裁判所が禁治産の宣告をすることができることとなっていました。禁治産宣告を受けた方を禁治産者といい、後見人が付されることとなっていました。

  禁治産者は、自ら契約等の法律行為を行うことはできず、禁治産者が行った行為は取り消すことができることとされていました。

- 準禁治産宣告……心神耗弱者（現在の「保佐」に該当する方）および浪費者については、一定の者の請求により家庭裁判所が準禁治産の宣告をすることができることとされていました。このように、旧制度においては、精神上の障害のある方の他、浪費者についても準禁治産宣告の対象とされていました。準禁治産宣告を受けた方を準禁治産者といい、保佐人が付されることとなっていました。

準禁治産者が一定の重要な財産上の行為をするについては、保佐人の同意が必要であり、同意を得ずにした行為は取り消すことができることとされていました。
- 現在の「補助」に該当する制度はありませんでした。
- 旧制度の「禁治産、準禁治産」は「家」の財産を守るための制度でした。
- しかも、禁治産、準禁治産は戸籍に記載されました。

○ 未成年後見

　1947（昭和22）年の民法改正前にも「未成年後見」はありました。今も「未成年後見制度」はあります（民法839条～841条）。
- 未成年者が、契約等の法律行為をするには、法定代理人の同意を得なければなりません（民法5条1項・2項）。これは、判断能力の未熟な未成年者を保護するためのルールです。未成年者に親権者がいるときは、親権者が未成年者の法定代理人となります。親権者（父母や養親）がいないときや、いても管理権を持たないときには、法定代理人がいなくなってしまい、未成年者の保護に欠けることになります。このようなときに、未成年者の法定代理人となるのが、未成年後見人です。
- 未成年後見人は未成年者のために、未成年者を監護養育したり、未成年者の財産を管理したり、契約等の法律行為を行う権限があります。この権限は、「親権」と同じく、子の利益のために行使する義務を負うものです（民法820条）。

▶民法7条～21条、838条～876条の10　参照

5

成年後見制度とは②

85 「法律行為」を 支援する制度

○ 成年後見制度とは

　成年後見制度は、精神上の障害（認知症、知的障害、精神障害等）によっ
て、判断能力が不十分であるために契約など法律行為の意思決定が困難な
方の能力を補い、ご本人の意思を最大限尊重しながら支援する制度です。
※認知症などが理由で、一人では法律行為がうまくできない人の意思表
　示や意思決定について、法的な権限を有しながらサポートするのが後
　見人です。

　障害者の表記について……戦前は「障碍者」と書き「碍」が常用漢字から
外れたため「害」の字を使うようになった言われることがあります。と
ころが、戦前も「障害、障碍」は同じ言葉として使われていたそうです。
「害」も「碍」も「さまたげ」という同じ意味です。障害は、個人ではな
く社会にあると考え、障害者自身が「害悪」ではなく、社会にある障害
物が「障害者」を作り出しており、社会の障壁こそ改善、解消すること
が必要です。「害」の字が不快感を与えて好ましくないとの理由で「害」
を避け「碍」を使う方もあります。また、「障がい者」とひらがなを使う
方もあります。その気持ちも尊重すべきでしょう。

○ 成年後見制度の発足

※介護保険制度が2000（平成12）年4月に始まりました。

- 一言でいうと、介護が「措置制度」から「契約制度」へ移行したのです。
- ● ただし、例外的に「措置」も残っています。

  ※介護保険と同じ2000（平成12）年4月に、民法が改正され、成年後見制度が始まりました。実はこれは偶然ではなく、介護保険制度が始まるのに合わせて「成年後見制度」が始まったのです。そういう意味で、成年後見制度と介護保険は車の両輪と言われています。

- ● ここでポイントとなるのが「契約」（法律行為）です。

  - 介護保険は、要介護認定、ケアプランの作成、サービス事業者との「契約」を経て、サービスが始まります。
  - ここで問題なのは、「契約」です。認知症の方の場合、家族が認知症の方を代理できるのでしょうか。
  - たとえば、認知症の老親の通帳を持って銀行に行っても、銀行はお金を払い出してくれません。子には「法定代理権」がないからです。家族は家族であって、「法定代理人」ではありません。実は、介護保険でもこれは同じことなのです。
  - 注）**法定代理人**　法定代理人とは、委任契約によらず、法律（民法）の規定によって定められた代理人のことで、以下の3種類があります。

    ①親権者　②未成年後見人　③成年後見人

　法定代理人以外の代理人を、「任意代理人」と言います。これは、通常の委任契約によって代理する人のことで、弁護士に委任するときなどが代表的な例です。

5

成年後見制度とは③

86 成年後見制度の理念と種類

○ 成年後見制度の理念

　成年後見制度の理念は、普通以下の３つが挙げられます。

(1)ノーマライゼーション……差別しない、特別視しない

(2)自己決定権の尊重…………本人の意思を尊重する

(3)残存能力の活用……………残された能力を活用する

※旧制度の「禁治産、準禁治産」は「家」の財産を守るための制度であり、「自己決定権の尊重」とか「本人がよりよく生きる」という発想はありませんでした。新しい制度に変わり、呼び方も理念も変わったにもかかわらず、一部に旧態依然とした運用（意思決定支援や身上保護等の福祉的な視点に乏しい運用）が残っているのは残念なことです。

○ 成年後見制度の種類

　成年後見制度には、「任意後見」と「法定後見」があり、法定後見はさらに次の３つに分かれます。

(1)後見

(2)保佐

(3)補助

○ 任意後見制度

- 本人に十分な判断能力があるうちに、将来、判断能力が不十分になった場合に備えて、あらかじめ自らが選んだ代理人（任意後見人）に、自分の生活、療養看護や財産管理に関する事務（仕事）について代理権を与える契約（任意後見契約）を、公証人の作成する公正証書によって結んでおきます（任意後見契約に関する法律3条）。
- 委任者の判断能力が不十分になってきたと思ったら受任者は、家庭裁判所に申し出て「任意後見監督人」を選任してもらいます（同法4条1項）。
- これで受任者は「任意後見人」となり、必要に応じて約束したことを代理できます。
- 「任意後見監督人」は「任意後見人」の仕事が適正に行われているか否かをチェックします（同法7条）。
※「任意後見契約に関する法律」2000（平成12）年4月施行

○ 法定後見制度

- 本人の判断能力が不十分になってから利用できる制度です。
- 認知症・知的障害・精神障害などによって物事を判断する能力が十分でない方（本人）について、本人の権利を守る援助者（「成年後見人」等）を選ぶことで、本人を法律的に支援します。
- 申立権者：本人・配偶者・四親等内の親族などが家庭裁判所に申し立てます。
- 申立てがあると、家庭裁判所は調査・鑑定等を行い、後見等開始の審判をし、成年後見人等を選任します（法定後見制度には3種類あります）。
  ※次ページの表参照

▶民法7条〜21条、838条〜876条の10　参照

5

成年後見制度とは④

87 法定後見制度の種類など

○ 法定後見制度の種類

		後 見	保 佐	補 助
対象者		判断能力を欠く常況にある方	判断能力が著しく不十分な方	判断能力が不十分な方
開始の手続き	申立権者	本人・配偶者・四親等内の親族、市町村長など		
	本人の同意	不 要		必要
本人		成年被後見人	被保佐人	被補助人
保護者		成年後見人	保佐人	補助人
監督人		成年後見監督人	保佐監督人	補助監督人
同意権および取消権	付与の対象	取消権：日常生活に関する行為以外の行為 同意権：なし	民法13条1項所定の行為	民法13条1項に定めた行為の一部
	取消権者	本人・後見人	本人・保佐人	本人・補助人
代理権	付与の対象	財産に関する法律行為	家裁の審判による特定の法律行為	家裁の審判による特定の法律行為
	本人の同意	不要	必要	

○ どの制度を選ぶか

- 法定後見の場合は、家庭裁判所に「後見申立て」（あるいは「保佐申立て」、「補助申立て」）をします。どの申立てをした場合も、申立てどおりになるとは限りません。家庭裁判所が調査・鑑定等を行い、どれに当てはまるかという審判を行います。

- 「自己決定権の尊重」という観点からすると、「補助」あるいは「任意後見」を選べる状態のときにこの制度を利用することが望ましいでしょう。しかし、後見：15.2万人、任意後見：2,000人、保佐：2.7万人、補助：8,000人（合計：約19万人）というのが実態です。

  これは、必要に迫られて「後見申立て」をされる方が多い、見方を変えれば、成年後見制度を意識的・積極的に活用される方が少ないということの反映ではないでしょうか。

○ 身上保護とは

　成年後見制度においては「身上保護」が重要です。最近まで「身上監護」という呼び方が一般的でした。いずれにしても聞きなれない言葉です。

　判断能力が不十分になり、「身の回りのこと」を自分ですることが難しくなった場合、その人の世話をすることを「身上保護」と言います。身上保護は、判断能力が不十分になった人が快適に生活するためにとても大切なことです。

　ただ、後見人が家事や日常生活の世話、看病などの事実行為を直接するわけではありません。介護契約などの「身上保護に関する法律行為」をすることが後見人の仕事です。後見制度では、後見人などに「身上配慮義務」を課しています（民法858条）。

5

成年後見制度とは⑤

88 成年後見制度利用の
実績など

⭕ 成年後見制度利用の実績

簡単に利用実績を見ておきましょう（参考、概数）。

(1)ドイツの場合…人口 　　　8,200万人

　　介護保険利用者 　　　　120万人

　　成年後見制度利用者 　　120万人

(2)日本の場合……人口 　1億2,000万人

　　介護保険利用者 　　　　500万人（要介護・要支援）

　　成年後見制度利用者 　　20万人

　　• 資料により、かなり数が違います。

(3)一般に、先進諸国では、成年後見制度利用者は人口の1%と言われています。これを日本に当てはめると、120万人となります。

　　ドイツの場合は他の諸国に比べて少々多すぎるようですが、日本は極端に少ないのが特徴です。成年後見制度を利用すべきと考えられる方のうち、実に100万人の方が利用されていないのが現状です。

⭕ 成年後見人等と本人との関係

(1)本人の家族（子が最も多い）　30%……減少傾向

(2)親族以外の第三者 　　　　　70%

　　• 多い順に、司法書士、弁護士、社会福祉士。

・最近は、行政書士も積極的に取り組んでいます。

（平成27年法定後見等認容の概数）

「成年後見関係事件の概況—平成27年1月〜12月—」最高裁判所

・累計割合では「本人の家族」がもう少し多いのではないかと思われます。

○ 誰が後見人になるのか

「欠格事由」と言って、未成年者等、一定の人は成年後見人にはなれませんが、特別な資格が必要なわけではありません。基本的には誰でもなれます。しかし、そう言われても不安です。そんな方に向けて地方自治体や社会福祉協議会が、後見人（候補者）のためのセミナーや相談会を開いているところもあります。

※任意後見の場合は、本人に十分な判断能力があるうちに、将来、判断能力が不十分になった場合に備えて、あらかじめ自らが代理人（任意後見人）を選びます。

※法定後見の場合は、「後見開始申立書」に「後見人候補者」を記入します。本人の家族を選ぶことが多いようです。でも、後見人候補者としての適任者が見当たらない場合もあります。候補者を記入していても、この「後見人候補者」が「後見人」に選任されるとは限りません。家庭裁判所が事情を考慮して、本人の家族あるいは専門職（弁護士、司法書士、社会福祉士等が多い）の中から、ふさわしいと考えられる「後見人」を選任します。

○ 専門職後見人とは

従来は、弁護士、司法書士、社会福祉士が専門職とされていましたが、現在では、弁護士、司法書士、行政書士、税理士、社会福祉士、精神保健福祉士とされています。

※「成年後見制度の利用の促進に関する法律」（2016〔平成28〕年5月13日施行）に基づく「成年後見制度利用促進基本計画」（平成29年3月24日閣議決定）

5

89 成年後見人の役割と仕事①
財産管理とその具体例

○ 成年後見人等の役割

　本人の意思を尊重し、かつ本人の心身の状態や生活状況に配慮しながら、本人に代わって、財産を管理したり必要な契約を結んだりすることによって、本人を保護・支援します。

※成年後見人の仕事は、本人の財産管理や契約などの法律行為に関するものに限られており、食事の世話や実際の介護などは、一般に成年後見人の仕事ではありません。

※成年後見人はその事務（仕事）について家庭裁判所に報告し、指示を受けることになります。

○ 成年後見人等の仕事

※成年後見人等の事務の範囲は、財産管理と身上保護です。

○ 一言で言うと

　認知症などが理由で、一人では法律行為がうまくできない人の意思表示や意思決定について、法的な権限を有しながらサポートするのが後見人です。

※成年後見人は、家庭裁判所から与えられた代理権や同意権を活用しながら、

判断能力が不十分な人に必要な医療・介護・住宅などを探し、契約を結び（身上保護）、それに係る費用を本人のお金から支払い、現金・不動産、その他の財産の管理や出し入れを本人に代わって行います（財産管理）。

◯ 財産管理

　財産管理とは、「財産の現状維持」「財産の利用・改良」「財産の処分」を含み、財産に関する一切の法律行為および事実行為としての財産管理を含みます。

※具体的には次のような行為をさします。

(1)登記済権利証、実印・銀行印、印鑑登録カード、預貯金通帳、年金関係書類、建物賃貸借契約等の重要な証書等の保管および各種の手続
(2)年金・賃料その他収入の受領や管理
(3)金融機関とのすべての取引
(4)居住用不動産の維持・管理
(5)日常生活での金銭管理
(6)寺社等への贈与（本人が行っていた寄付・寄進等の継続）
(7)その他の財産の維持・管理・処分

- たとえば、知的障害の子名義の定期預金を親が開設し、管理しているというケースでは、管理者は親から後見人に代わります。
- 旧制度と異なり、日常生活に関する取引は本人が行うことができます。

5

90 成年後見人の役割と仕事②
身上保護とその具体例

○ 成年後見人等の仕事

※成年後見人等の事務の範囲は、財産管理と身上保護です。

○ 身上保護

　身上保護とは、生活・療養看護に関する事務を処理することです。事実行為としての介護は含まず、医療や介護に関する契約などの療養看護に関する法律行為が想定されています。

※具体的には次のような行為をさします。

⑴医療に関する事項

・病院等への受診、医療・入退院等に関する契約、費用の支払い

⑵住居の確保に関する事項

・本人の住居の確保に関する契約、費用の支払い

・本人の住居を決定するための情報収集並びに本人の意思確認

・本人の住居の維持、快適な住環境保持のための状況把握

⑶施設の入退所、処遇の監視、異議申立て等に関する事項

・福祉施設等の入退所・通所に関する契約、費用の支払い

・福祉施設等を決定するための情報収集並びに本人の意思確認

・福祉施設等への定期的訪問による処遇に対する監視・監督行為

・定期的な訪問や電話連絡等。必要に応じて、要請や申入れを行います。

- 福祉施設等を利用する本人の意思・苦情等の聴取
    判断能力の低下がある場合、事実と異なる訴えとなることもあるので慎重に対応することが重要です。

(4) 介護・生活維持に関する事項
- 介護・保健・福祉サービスに関連して必要な申請、契約、費用の支払い
- 本人をとりまく支援関係者とのカンファレンスや状況確認・連絡・調整
- 本人の心身の状態、生活状況、社会参加に対する希望の把握並びに意思確認
- 身上保護業務遂行上不可欠な親族等との連絡調整
    医療行為を行う必要がある、生命が危険な状況にあるなどの際、親族と連絡調整を行う必要があります。一方、後見人等として親族等との頻繁な連絡は避けるべきです。

(5) 教育・リハビリ等に関する事項
- 教育、リハビリ、就労、余暇活動、文化活動等の社会参加に関する契約、費用の支払い

(6) その他契約の履行に関する追跡調査

91

成年後見制度の問題点①

制度が知られていない

○ 成年後見制度をめぐる問題点

※ごく簡単に、次の諸点に整理してみました。

(1)**制度が知られていない**

・**介護保険制度の場合**

介護保険制度が2000（平成12）年4月に始まりました。これについては制度導入の何年も前から福祉関係者や高齢者団体を中心にいろんな議論が交わされました。賛否両論ありましたが、この議論が介護保険制度を多くの国民に知らせる役割を果たしました。

制度が始まると、公的な保険制度ですから、40歳以上の国民の多くはいやでも保険料を徴収されます。特別徴収と言って「年金から天引き」される方もあります。これに対して異議を唱えた方も多かったのです。

このように、介護保険制度は良きにつけ悪しきにつけ、多くの国民に早期に知られました。

・**成年後見制度の場合**

介護保険制度とときを同じくして、「民法の改正」という形で「成年後見制度」が始まりました。同時スタートですから、介護の必要な認知症の方が介護事業所と契約を結ぶ際、「まずは成年後見の手続きをしてから」とはなりません。勢い、家族が本人に代わって（代理して）契約することになります。

厚生労働省は、これを「違法だ」とは言いませんでした。こうして、成年後見制度を使わなくても「事実上」介護保険を使えることになりました。

また、成年後見制度に「保険料」はありませんから、国民が「痛み」を感じることもありません。

このようにして、成年後見制度は「全国民的な」認識にはならなかったのです。民法改正前の「禁治産・準禁治産」の場合と同じように「財産管理」のためには使われましたが、高齢者や障害者の権利を守るための「身上保護」の役割を広く果たすことにはならなかったのです。

「ノーマライゼーション」、「自己決定権の尊重」、「残存能力の活用」という成年後見制度の理念は十分生かされているとは言い難いのが現状です。

介護や医療・福祉関係者、成年後見に関わる専門家、社会福祉協議会など、そして誰よりも行政が、この制度を知らせ拡充するために知恵と力を発揮すべきではないでしょうか。

(2)医療同意権がない

成年後見制度利用促進法が成立（平成28年4月）しましたが、今後の検討課題となっています。

(3)選挙権・被選挙権

- ドイツでは選挙権を一律にはく奪しませんでしたが、日本の場合は、「禁治産」制度を引き継いだ形で選挙権をはく奪していました。
- 成年後見人がつくと選挙権を失う公職選挙法の規定は法の下の平等などを保障した憲法に反するとした訴訟で、2013（平成25）年3月14日、東京地裁は、公選法の規定は「違憲で無効」としました。
- 東京地裁判決を受けて、同年5月公選法が一部改正され、成年被後見人の方は、選挙権・被選挙権を有することとなりました。

5

成年後見制度の問題点②

92 費用がかかる

⑷費用がかかる

　成年後見にかかる費用は原則全額自腹です。家庭裁判所への申立てに関する費用は１万５,０００円程度ですが、加えて医師による診断書や、鑑定が必要な場合の費用がかかります。医療機関によって異なりますが、診断書は５,０００円程度、鑑定書は５万円から１０万円かかります。合計すると、数万円から十数万円の費用になります。

　年金暮らしの高齢者世帯などにとっては大変な負担です。いや、支払えない世帯も多いのではないでしょうか。せめて、鑑定書の費用を介護保険等でまかなえるようにするなどの工夫、改善をしないと、「貧乏人には縁のない制度」になってしまいかねません。

※先に、「成年後見制度は、精神上の障害（認知症、知的障害、精神障害等）によって、判断能力が不十分であるために契約など法律行為の意思決定が困難な方の能力を補い、ご本人の意思を最大限尊重しながら支援する制度です」と書きました（196ページ）。

　しかし、そんなきれいごとでは済みません。お金のない人は申立て自体をあきらめざるを得ない、入り口ではじき飛ばされることになります。なんとか申立てをして審判を受けても、今度は「後見人」に対する報酬の問題が出てきます。

　もっとも、報酬はかなり柔軟に考えられているようです。これは逆に言うと、後見人を依頼された専門家にとっては、「お金にならない仕事」「半ばボランティア的な仕事」ということになりかねません。

- 一歩前進

　多くの自治体ではこの問題に対処するため、低所得者に対する「費用の公費負担」や「支援センターの開設」など各種の支援制度を設けています。

　京都市でも、2012（平成24）年4月1日から同様の支援制度を開始しました。生活保護受給者、生活保護に準ずる方など厳しい条件がありますが、一歩前進として評価したいと考えます。経済的な問題で申立てをためらっている方は、ぜひ自治体に問い合わせて相談してください。

※最近は、申立てに当たって「鑑定」（鑑定料：5万円〜10万円）を求めないケースが増えています。

※法定後見における申立てから審判までの期間も短くなっています。

- 4か月程度かかるのが普通でしたが、最近は2か月程度に短縮されているようです。

○ 京都市の場合

- 京都市成年後見支援センター　☎075-354-8815
〒600-8127　京都市下京区西木屋町通上ノ口上ル梅湊町83-1
（河原町五条下る東側）
「ひと・まち交流館　京都」4階　京都市長寿すこやかセンター内
　　※一般相談、専門相談、市民後見人の育成・支援、成年後見制度の
　　　普及・啓発などを行っています。
- 京都市長寿福祉課　☎075-251-1106
　※低所得の方への費用の支援も行っています。

5

親亡き後の問題など①

93 知的障害、精神障害がある人への対応

⑴相続手続

●相続手続（被後見人等が相続人となる場合）

・成年被後見人が相続人である場合、本人は遺産分割協議に参加できませんので後見人が参加することになります。

・親族後見人の場合、「利益相反」に注意が必要です。「特別代理人」の選任等が必要になる場合があります。

・このような事態を避けるためにも、親が「遺言」（自筆証書遺言、公正証書遺言）を書いておくべきでしょう。

・親族でない専門職後見人が選任されている場合、この問題は発生しません。

⑵認識の遅れ……対象は障害者も

高齢者（認知症など）についての理解はある程度進んできましたが、

㋐知的障害者

㋑精神障害者

も対象であるという認識が遅れています。

・いわゆる「親亡き後」の問題です。これは成年後見制度だけではカバーしきれません。

◯ 親亡き後の問題とは

　知的障害者、精神障害者、身体障害者の子のいる親が抱える問題のことですが、成年後見に関わっては、知的障害、精神障害が問題になります。

　一つは、親の死亡、病気の際の子の世話（身上保護、財産管理）をどうするかという問題、もう一つは親の死亡後の相続（財産承継）をどうするかという問題です。

　ただ、そうは言っても問題を一くくりにすることはできません。障害の種類、障害の程度、子の年齢、兄弟姉妹の有無とその状況（年齢、未婚・既婚、同居・別居）、親の年齢、経済状態など個別に違いがあり、個別に問題の所在、解決法を検討する必要があります。

※子が50代・60代、親が80代というように双方の高齢化が進み、深刻な状況に陥っている方もあります。子が未成年、親も若いという方とは違った意味で待ったなしの状況と言えるのではないでしょうか？

※成年後見制度だけではなく、障害者総合支援法なども関わります。

◯ 具体的に考えにくいかもしれません

　本人の状態、親の状態、その他の事情を整理し一覧にして、条件に合わせて必要な選択肢を選んでいくのがよいでしょう。

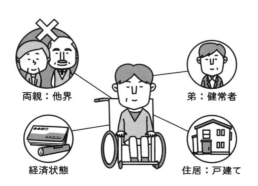

5

親亡き後の問題など②

94 子の意思能力に応じて

○ 子に意思能力がない場合

(1)親亡き後の子の身上保護、財産管理については「法定後見」を利用することが考えられます。

※親が元気なうちに、①親が申立人となり親自身を後見人候補者とする、②親以外の親族等の第三者を後見人候補者とする、③専門職後見人を選択する、④親と専門職後見人との複数後見人を選択する、などが考えられます。複数後見人を選択した場合は、「共同」と「単独」の事務を分けておくことが望ましいでしょう。

※相談機関としては、地域包括支援センター、自治体の「成年後見支援センター」、社会福祉協議会、専門職後見人の団体などがあります。

・公益社団法人成年後見センターリーガルサポート（司法書士）

・一般社団法人コスモス成年後見サポートセンター（行政書士）

(2)親がいつまでも元気でいられるとは限りません。

※親の判断能力がしっかりしている間に、親が「任意後見制度」を利用することも検討すべきでしょう。

(3)事務処理をスムーズに進めるためには

①親が遺言を作成し、②親の専門職任意後見受任者や③子の専門職後見人を、④遺言執行者に指定しておくと事務処理がスムーズに進むと思われます。

○ 子に意思能力がある場合

(1)子は、本人に意思能力がある限り、①「任意後見契約」を親以外の専門職後見受任者と結ぶことができます。②親と専門職が複数で任意後見受任者となることもできます。その場合は「共同」と「単独」の事務を分けておくことが望ましいでしょう。

(2)この場合も、親が「任意後見制度」を利用することを検討すべきでしょう。

(3)親が遺言を作成し、遺言執行者を指定しておきましょう。

○ 補足……「特定贈与信託」の利用

「特定贈与信託」の利用も選択肢の一つです。

※特定贈与信託は、「特定障害者」の生活の安定を図ることを目的に、その親族等が金銭等の財産を信託銀行等に信託するものです。

この制度を利用すると、相続税法の「特定障害者に対する贈与税の非課税制度」により、特別障害者については6,000万円、特別障害者以外の特定障害者については3,000万円を限度として贈与税が非課税となります。

成年被後見人は**「特別障害者」**です。

特定障害者

	特別障害	一般（普通）障害
身体障害者手帳	1〜2級	3〜6級
愛護手帳（療育手帳）	1〜2度（A）	3〜4度（B〜C）
精神障害者保健福祉手帳	1級	2〜3級
成年被後見人	該当	―

○「複数の制度」を適切に組み合わせる

少し複雑ですが、いずれの場合も「複数の制度」を適切に組み合わせて利用します。専門家に相談して最も良い選択をしましょう。

5 成年後見制度支援信託

95 後見人の使い込み等を 防止する手段

◯ 成年後見制度支援信託とは

　成年被後見人または未成年被後見人の財産のうち、日常的な支払いをするのに必要十分な金銭を預貯金等として後見人が管理し、通常使用しない金銭を信託銀行に信託する仕組みのことです。

　この制度を利用すると、信託財産を払い戻したり、信託契約を解約するにはあらかじめ家庭裁判所が発行する「指示書」が必要となります。

◯ この制度の背景

　本人に一定の財産がある場合などにはその財産が適切に利用・管理されなければなりません。ところが、後見人が本人の財産を使い込むなどの不正行為が後を絶ちません。年によって増減はありますが、平成26年度には、実に831件、被害総額約56億7,000万円にも上っています。そのうち、弁護士や司法書士などの専門職後見人によるものが22件、約5億6,000万円です。

　この不正を防止するための一つの方法として、2012（平成24）年から後見制度支援信託が開始されました。信託できる財産はほぼ金銭のみとなっています。

○ 1,200万円程度以上の預貯金があれば

本人の預貯金がおおむね1,200万円以上ある場合にこの制度を使うかどうかを選択し、使う場合に後見人は200万円程度の預貯金（現金）を管理します。2015年（平成27）年度の利用状況は6,500人余と非常に少ないのが現状です。その要因の一つとして、取り扱う金融機関が限られているという問題があります。

- 三井住友信託銀行
- みずほ信託銀行
- 三菱UFJ信託銀行
- りそな銀行

この4行のみで、大都市以外では支店のない地域もあります。

また、金融機関によって取扱い方法や費用、条件に違いがあるため、利用は特定の金融機関に偏っています。いずれにしても一般の方にとって使いづらい制度であることは確かでしょう。この制度の見直しも検討課題とされました。

※「成年後見制度利用促進基本計画」（平成29年3月24日閣議決定）

この制度を使わない場合は、弁護士または司法書士である「後見監督人」を選任します。

（最近、一部の地方銀行が参入しました）千葉銀行、中国銀行

○ 手続きなど

この手続きは煩雑ですので、直面された方が家庭裁判所から詳細に説明を受けるということでよく、一般には「こんな制度がある」ということを知っているだけでよいでしょう。また、信託契約締結後の財産管理などについても事細かな決まりごとがあります。

相談事例から①

96 成年後見人は どんなときにつけるのか

　成年後見制度について見てきましたが、もう少し具体的な問題を考えてみましょう。

● 認知症の親

【質問】母は認知症で、グループホームに入所しています。今は私が母のお金を管理していて、特に問題は起きていません。後見人は必ずつけなければならないのですか？

【回答】法律的に必ずつけるよう義務づけられてはいません。成年後見制度は、認知症や知的障害などで判断能力が衰えた人の権利を守る仕組みです。財産を処分する、法的な契約を結ぶなど、本来は本人が行うべきことを、代わりにしなければならないときには必要です。

● 代理人

　あなたはお母さんに頼まれて、代理人として財産管理をしているわけです。お母さんの認知症の程度が問題ですが、認知症が進むと、お母さんの意思が確認できず困る場面も出てきます。
　たとえば、定期預金を解約したい場合、お母さんの「委任状」がない

と銀行は解約に応じてくれません。また、グループホームの入所契約は
お母さんがされたのでしょうか？　それともあなたがされたのでしょう
か？　本来はお母さん本人が契約する必要がありますが、実際には「家
族が」契約するケースが多いようです。これは事実上厚労省が認めてい
ます。介護保険制度と成年後見制度が同時スタートだったための措置で
すが、現在も続いています。

○ 成年後見人

　お母さんの認知症が進み、意思確認が難しくなった場合は「成年後見
人」をつける必要があります。たとえば、老人ホームの入所契約、自宅
売却の手続き、相続が発生しお母さんが相続人となる場合などに成年後
見人を選任するケースが多いようです。

　成年後見人の選任は、子どもや配偶者などの親族が家庭裁判所に申立
てます。本人の体調や財産関係、親族の意向などを調査した上で家庭裁
判所が後見人を選任します。親族が後見人になるケースが多いですが、
最近は弁護士や司法書士などの「専門職後見人」が増えています。財産
関係が複雑だとか、親族間で対立がある場合などの多くは専門職が選任
されます。

　成年後見人には、本人の財産目録を作り、収支状況を家庭裁判所に報
告するなどの義務があります。

○ 費用は？

　専門職後見人については、原則報酬が発生します。しかし、報酬額は
家庭裁判所が決定し、被後見人の財産から支給され、そんなに高額でも
ありませんので心配はないと思います（月額2～5万円程度）。

5

相談事例から②

97 親との同居に 兄が不信感を抱く

◯ 母と同居しようか

86歳の母が一人暮らしをしています。以前から物忘れがひどく、「軽い認知症」と診断されていましたが、最近症状が進んだようです。

近くに住んでいる私が預金通帳と印鑑を預かり、生活費が足りないときは私が母の預金を下ろして渡していました。このままでは心配なので仕事をやめて同居しようかと思っています。

◯ 兄がいい顔をしない

私は兄と二人兄弟ですが、兄があまりいい顔をしません。母は亡くなった父から預金や土地を相続して、それなりの財産があります。私が同居すれば、母の財産を勝手に使うのではないかと不信感を持っているようです。

同居後の生活費は、私の蓄えの他、母の年金と預金を充てることになると思います。母の財産はきちんと管理するつもりですが、兄に納得してもらうにはどんな方法があるでしょうか？　兄も母のことは心配していますが、遠くに住んでいるので度々会いに来ることは困難です。

◯ 成年後見制度を利用しては？

認知症などで判断能力が不十分な人は自分で財産管理ができません。

そんなとき、家庭裁判所によって選ばれた成年後見人が、本人の利益を考えながら法的な手続きや財産管理などを代理する制度があります。これを「成年後見制度」と言います。

後見人には親族もなれますが、親族間で争いがあるときなどには、弁護士、司法書士、社会福祉士などの「専門職後見人」が選ばれる場合もあります。後見人は財産管理や法的な契約などについて、家庭裁判所に報告する義務があります。

◯ 手続きは？

本人や四親等内の親族が家庭裁判所に申し立てます。専用の「医師の診断書」が必要ですが、家庭裁判所に行けば必要書類一式を渡してくれ、詳しい手続き方法を教えてくれます。多くの自治体で設置している「成年後見支援センター」などを利用して手続きの援助を受けることもできます。

申し立てをすると、家庭裁判所が必要な調査をして後見人を選びます。以前は４か月くらいかかりましたが、最近は「医師の鑑定書」を求めないなど、審理期間が短くなり２か月程度で選ばれることが多いようです。

◯ 話し合いを

あなたが同居すれば、たとえば詐欺などの被害からお母さんを守ることができますし、財産管理はきちんと家庭裁判所に報告することになりますので、お兄さんの心配も減るでしょう。お兄さんとよく相談してください。

お兄さんの同意があればあなたがお母さんの後見人になることができますし、専門職に後見人になってもらうこともできます。

お母さんの財産が一定額以上ある場合は、「成年後見制度支援信託」という制度を利用することがあります。これについては、家庭裁判所から説明があります。

5

相談事例から③

98 母に成年後見人がつき、通帳も見られなくなった

○ 一人暮らしの母

母は一人暮らしをしていますが認知症です。子どもは兄と私の2人ですが、2人とも遠くに住んでいて同居は無理なので、グループホームに入所する予定です。

最近、母に成年後見人がついたのですが、今後私との関係はどうなるのでしょう。家庭裁判所には私が後見人になるつもりで申立てたのですが、司法書士の方に決まりました。報酬もかかるそうです。

○ 成年後見とは

成年後見制度は、認知症や知的障害などで判断能力が不十分な人を支える制度です。成年後見人には、子どもなどの親族がなる以外に、弁護士や司法書士などの専門家が選任される場合もあります。その場合の報酬は、家庭裁判所が本人の資産状況を調べて決定し、被後見人（本人）の財産から支給されます。

あなたの住まいが遠方なので専門職後見人が選任されたのかも知れません。成年後見人になると、財産管理や法的な契約手続きなどを行います。グループホーム入所の手続きもしてくれます。

◯ 後見人との関係

これまでは私が母の通帳を管理してきましたが、今後は後見人が管理することになるそうです。これからも通帳を見せてほしいと言ったら断られました。後見人が私を信用していないようで気になります。交代してもらうことはできませんか。

◯ 後見人の仕事

財産の使い込みや不正支出などの問題がなければ交代は認められないでしょう。成年後見人はお母さんの権利を守るために選任されています。基本的に財産管理の資料などは第三者には見せません。

万一、相続が発生した場合、あなたとお兄さんで争いになる可能性を考え、推定相続人であるあなたやお兄さんとは距離を置き、慎重な態度をとっておられるのかもしれません。

成年後見人には、お母さんの財産目録を作成し、毎年収支報告を家庭裁判所に行う義務があります。つまり、家庭裁判所の監督下にあるということです。

お母さんのことで心配なことがあれば、成年後見人は親族の相談にも乗ってくれますので、信頼して任せてはいかがでしょうか。

おわりに

　この数年、「家族法」に関わる最高裁判決や民法改正が相次ぎました。これを整理しどのような流れになっているかを概観し、併せて今後の方向性についても考えてみました。その際日本の状況だけでなく、できるだけ世界の動きに目を向けるようにしました。

　続いて、相続・遺言など「家族法」関連を専門とする街の法律家として経験したことや相談事例を多く取り上げ、関心が高いと思われる事例、誤解が多いと思われる事例に重点を置きました。

　結果的に、シンプルな「教科書」的なケースよりもちょっと特殊な「へ〜、そんなことがあるの？」というようなものが多くなったような気がします。

　ただ、実際に起きる問題はそもそも個別に違いがあり、「特殊なケース」であるのが普通です。その中に普遍的な内容が含まれていると考えられないでしょうか。

　「家族法」は私たちの日常生活に密接に関係した法律です。ところが、案外知られていない、誤解されているということが多いように感じます。この本が、「普通の市民」が、「普通の生活」をする上で役立つならば幸いです。

　前著では紙数の制約で「成年後見制度」に触れることができませんでした。今回これに一章を充て、可能な限り最新情報を盛り込むように努めました。

　この本を書くに当たっては、日常業務を通じて、行政書士、司法書士、税理士、弁護士など、多くの方々に助言・ご指導いただいたことが糧になっています。また、不動産業や葬祭業の方々からも貴重な示唆をいただきました。いちいちお名前は挙げませんが、この場を借りて御礼申し上げます。

　最後に、この本の元になった200通近いメルマガの全ての原稿に目を通し、鋭い突っ込みを入れていただいた、川崎市のY.K.さんに感謝申し上げます。前著同様本来なら「共著」とでもすべきものだと思っています。

2017年10月23日　長橋晴男

◎著者プロフィール

長橋晴男（ながはし　はるお）

　　特定行政書士　宅地建物取引士
　　相続コンサルタント
　　1948年生　兵庫県朝来市（旧 朝来郡生野町）出身
　　立命館大学法学部卒業　憲法（社会保障と国家）専攻

　　職歴　社団法人（現 公益社団法人）京都保健会勤務
　　　　　　同法人理事、総務部長
　　　　　長橋行政書士事務所開設
　　　　　＊相続・遺言など「家族法」関係を専門とする

　　現在　京都府行政書士会会員
　　　　　　会報編集委員長、第3支部副支部長等歴任
　　　　　一般社団法人コスモス成年後見サポートセンター会員
　　　　　長橋行政書士事務所　〒616-8367 京都市右京区嵯峨北堀町20番地240
　　　　　　　　　　　　　　　TEL 075-468-3238　FAX 075-468-3230
　　　　　　　　　　　　　　　Eメール nagahashi@sunny.ocn.ne.jp

◎監修者プロフィール

浅野則明（あさの　のりあき）

　　弁護士（京都第一法律事務所 所属）
　　1984年3月　京都大学法学部卒業
　　1986年4月　京都弁護士会弁護士登録
　　　　　　　　京都第一法律事務所入所

知って役立つ！　家族の法律
──相続・遺言・親子関係・成年後見

2017年12月20日　初版発行

　　　　　　　　　　　　　　　著者　ⓒ 長橋晴男
　　　　　　　　　　　　　　　監修　　浅野則明

　　　　　　　発行者　　田島英二　info@creates-k.co.jp
　　　　　　　発行所　　株式会社クリエイツかもがわ
　　　　　　　　　　〒601-8382　京都市南区吉祥院石原上川原町21
　　　　　　　　　　　　電話 075（661）5741　FAX 075（693）6605
　　　　　　　　　　　　　　　郵便振替　00990-7-150584
　　　　　　　　　　　ホームページ　http：//www.creates-k.co.jp

　　　　　　　　　印刷所──モリモト印刷株式会社

ISBN978-4-86342-224-7 C0036　　　　　　　　　　Printed in Japan

知って得する！「家族と法律」

相続・遺言、戸籍、結婚・離婚

家族のための身近な法律をわかりやすく解説！

「家族法」は私たちの日常生活に密接に関係した法律であるにもかかわらず、案外知られていなかったり、誤解されている場合が多いようです。
そこで、みなさんが「普通の生活」をする上でぜひ知っておいていただきたい「家族法」の基礎知識をできるだけわかりやすくまとめてみました。

※『家族法』とは、民法の親族編および相続編並びに関連法規を指します。

長橋晴男 著
Nagahashi Haruo

浅野則明 監修
Asano Noriaki

ISBN978-4-86342-146-2 C0036　¥1500E
A5判216頁　定価 本体1500円 +税

好評既刊 2刷

もくじ

はじめに
プロローグ
子連れ再婚は大変です

第1章 戸籍
第2章 結婚・離婚
　1.結婚をめぐる諸問題
　2.離婚をめぐる諸問題

第3章 親子関係
　1.実親子関係
　2.養子縁組

第4章 相続
　1.相続の基本
　2.ちょっと複雑なケース
　3.相続をめぐる諸問題

第5章 遺言
おわりに

87項目 +コラム